电网一张图
营销数据融合管理百问百答 →

国网冀北电力有限公司智能配电网中心　组编

中国电力出版社
CHINA ELECTRIC POWER PRESS

U0655676

内 容 提 要

电网一张图营销数据融合管理对电网业务融合、电力数据管理的重要性逐渐凸显。为了使新上岗的营销数据管理及其关联业务人员能够尽快地适应工作，特编制本书。本书对电网一张图营销数据融合管理涉及的三个平台的业务操作、流程等问题，以问答的形式讲解，帮助基层人员快速找到相关问题原因及处理办法，便查便携。

本书主要内容包括电网一张图营销数据融合管理介绍、能源互联网营销服务系统（营销2.0）、新一代设备资产精益管理系统（PMS3.0）、电网资源管理微应用（同源维护）的业务操作及常见问题等。

本书可作为电网企业营销现场工作人员培训教材、为关联业务操作提供参考，也可供电网企业营销专业培训人员及相关管理人员阅读。

图书在版编目（CIP）数据

电网一张图营销数据融合管理百问百答 / 国网冀北电力有限公司智能配电网中心组编 . -- 北京：中国电力出版社，2024. 8. -- ISBN 978-7-5198-9156-5

Ⅰ . F426. 61-44

中国国家版本馆 CIP 数据核字第 2024SN0637 号

出版发行：中国电力出版社
地　　址：北京市东城区北京站西街 19 号（邮政编码 100005）
网　　址：http://www.cepp.sgcc.com.cn
责任编辑：马淑范（010-63412397）
责任校对：黄　蓓　张晨荻
装帧设计：赵姗杉　王红柳
责任印制：杨晓东

印　　刷：廊坊市文峰档案印务有限公司
版　　次：2024 年 8 月第一版
印　　次：2024 年 8 月北京第一次印刷
开　　本：710 毫米 ×1000 毫米　16 开本
印　　张：12.75
字　　数：217 千字
定　　价：76.00 元

本书编委会

2024 年，国家电网有限公司聚焦核心业务和关键领域，以深入推进业务系统"同图应用"为主线，持续夯实静态电网一张图基础，推动低压 400V 数据治理，年底内实现"变—户"关系准确率提升至 99% 以上。此外，在国家电网有限公司加快建设数智化坚强电网、深化卓越供电服务体系建设等背景下，数据作为数字化转型的基础，在支撑供电企业生产和经营管理中发挥越来越重要的作用。营销数据作为电网数据的重要一环，对构建卓越供电服务体系、推进公司数字化转型、提升客户优质服务水平等方面具有重要意义。

电网一张图营销数据融合管理工作涉及多系统、多专业、多流程，工作人员需具备全面的现场业务知识、系统操作经验并熟悉跨专业业务流程。而基层方面普遍存在人员结构不合理、专业技术力量不足、岗位变动频繁等问题，造成基层营销数据融合管理工作开展存在实际困难。为此，国网冀北电力有限公司智能配电网中心组织相关专家及现场技术人员，对现有电网一张图营销数据融合管理涉及的基础知识、操作流程、标准规范进行梳理汇编，形成本书。

本书是以问答形式讲解电网一张图营销数据融合管理相关知识。全书共分 4 章，包含电网一张图营销数据融合管理涉及的基础知识、常见问题的处理方法。第 1 章为电网一张图营销数据融合管理介绍；第 2 章为能源互联网营销服务系统（营销 2.0）讲解；第 3 章为新一代设备资产精益管理系统（PMS3.0）讲解；第 4 章为电网资源管理微应用（同源维护）讲解。

本书的出版，凝聚了有关领导、专家和技术人员的辛勤汗水，得到了来自各方面的协助和支持，在此，一并表示衷心的感谢。希望通过本书为专业管理人员和现场技术人员提供一些有益参考。

由于编写时间仓促、水平有限，书中难免存在不妥和疏漏之处，敬请广大读者批评指正，以期后续修订时改正。

编者

目 录

前言

第 1 章

电网一张图营销数据融合管理介绍

◇ **1. 概述**

2024年，国家电网有限公司聚焦核心业务和关键领域，以深入推进业务系统"同图应用"为主线，持续夯实静态电网一张图基础，推动低压 400V 数据治理，"变—户"关系准确率提升至 99% 以上。营销数据融合管理涉及电力销售、客户服务、用电行为等多方面的信息，涵盖跨专业业务流程数据管理。作为电网数据的重要一环，对构建卓越供电服务体系、数字化转型具有重要意义。此外，数据服务应用对基础数据质量有要求，需常态化开展电网一张图营销数据融合管理工作，确保"站、线、变、户"基础数据和现场情况一致，推动营配贯通率、图数一致率、拓扑连通率提升，为基于营配数据贯通的业扩报装、线损管理、停送电管理、故障研判指挥、配网运行管理等业务深化应用奠定坚实的基础。

中压配电网以中压接入点作为资产分界点，中压接入点及以上由设备专业（生产）负责维护，以下由营销专业负责维护；低压配电网以低压接入点作为资产分界点，低压接入点及以上由设备（生产）专业负责维护，以下由营销专业负责维护，营销生产资产分界点见图 1-1。

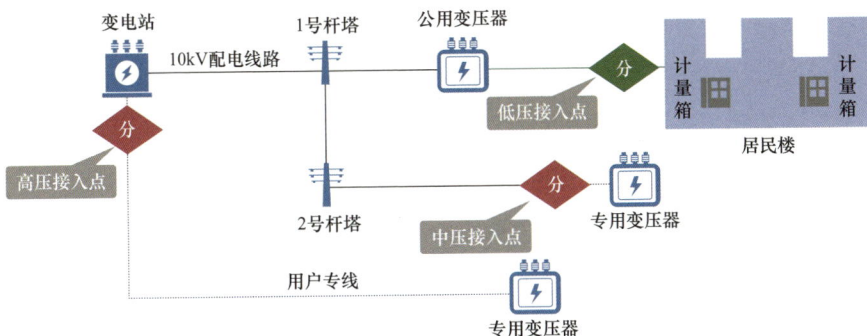

图 1-1 营销生产资产分界点

　　能源互联网营销服务系统（简称"营销 2.0"）作为用户资源唯一数据源，主要负责用电客户、专线、专用变压器、计量箱等专网设备新增和变更维护，并向电网资源管理微应用（同源维护）推送专网设备台账信息。

　　新一代设备资产精益管理系统（简称"PMS3.0"）作为电网检修作业唯一数据源，主要负责输电、变电、配电设备检修工作，提升输变配电设施的安全运行水平和供电可靠性，助推"互联互通、数据驱动、价值共生、技术先进、经济高效"特征的设备管理数字化转型。

　　电网资源管理微应用（简称"同源维护"）作为电网资源唯一数据源，也是电网（客户）图形和分析服务的企业级电网信息服务平台，负责公网设备（变电站、线路、公用配电变压器）台账新增变更和设备间拓扑图形绘制，推送至能源互联网营销服务系统及新一代设备资产精益管理系统。

　　电网一张图是通过整合电力系统各环节实时数据和运行信息，提供电网规划与选址分析、气象灾害风险预警、检修与故障处理、新能源接入与管理、保供电方案定制等方面支持，提升电网规划科学性、运行可靠性、检修和故障处理效率性及新能源接入管理能力，有效提高了电网管理效率性和安全性。

　　◇ 2. 能源互联网营销服务系统简介

　　能源互联网营销服务系统整合了国网冀北电力营销业务应用系统等 19 套系统，支撑业扩报装、量费核算、客户服务、营销渠道等核心业务，打造了数字营销智能业务体系的核心承载平台，实现了营销渠道、客户服务、营销管理、物联管理的数字化、智能化转型。

　　登录方式　谷歌浏览器登录；

　　登录权限　业务人员；

　　登录网址　http∶//yx2.jibei.sgcc.com.cn/cmn/login

　　主界面如图 1-2 所示。

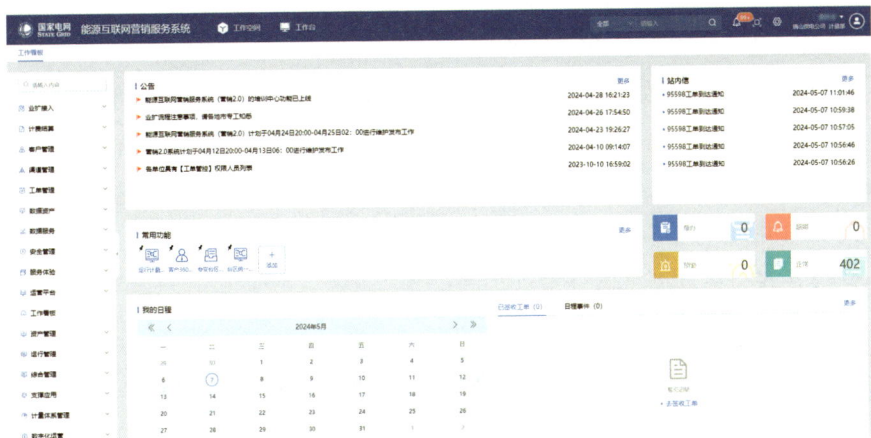

图 1-2　营销 2.0 主界面

◇ 3. 新一代设备资产精益化管理系统 PMS3.0 简介

新一代设备资产精益化管理系统 PMS3.0（简称 PMS3.0）共有检修计划、工作票、隐患管理、缺陷管理、试验管理、抢修管理、巡视管理、操作票、故障管理、运行值班、带电作业等 11 项作业类统推应用。

登录方式　谷歌浏览器登录；

登录权限　业务人员；

登录网址　http：//10.118.2.80/isc_sso/login?service=http：//pms3.jibei.sgcc.com.cn/pms-framework-portal-ui/

主界面如图 1-3 所示。

图 1-3　PMS3.0 主界面

◇ 4. 电网资源管理微应用（同源维护）介绍

电网资源管理微应用（同源维护）通过对电网拓扑、地理图形沿布、设备资产台账数据的统一管理、维护，整合分散在各专业的电网资源、设备资产等数据，有效解决基础数据多入口维护的应用问题，实现图、模一体化，使生产、营销等专业人员均可通过此工具维护电网资源数据。

登录方式　谷歌浏览器登录；

登录权限　业务人员；

登录网址　http：//25.42.182.119/yj-pms-portalui/default.html

主界面如图 1-4 所示。

图 1-4　同源维护主界面

◇ 5. 电网一张图介绍

电网一张图是基于电网资源业务中台、技术中台、数据中台等企业级中台建设的图形类应用开发组件，为公司提供覆盖"发、输、变、配、用、新"全资源覆盖的电网渲染展示、拓扑分析等通用基础应用能力，并结合电网运行、气象环境、生产作业等数据，提供满足跨部门、多专业需求的地理沿布图、单线图、气象环境分析图等各类专题图分析应用能力，为企业级精准决策和优化管理提供重要支撑。

登录方式　谷歌浏览器登录；

登录权限　业务人员；

登录网址　http：//25.42.182.119/pms-amap-portal/index.html#/

主界面如图 1-5 所示。

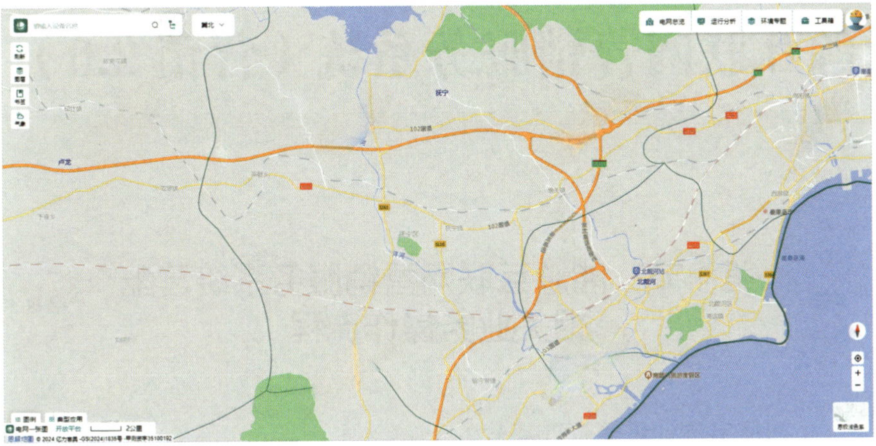

图 1-5　电网一张图主界面

第 2 章

能源互联网营销服务系统（营销2.0）

第1节　能源互联网营销服务系统营配相关业务操作流程

◇ 1. 如何申请计量箱资产编号？

左侧菜单栏选择"资产管理—到货管理—到货登记—设备登记"，点击"新增"按钮，录入批次信息，选择"零星到货"获取编号，在弹出窗口点击"否"，按要求正确填写批次信息后，保存并进行下一步，如图2-1所示。

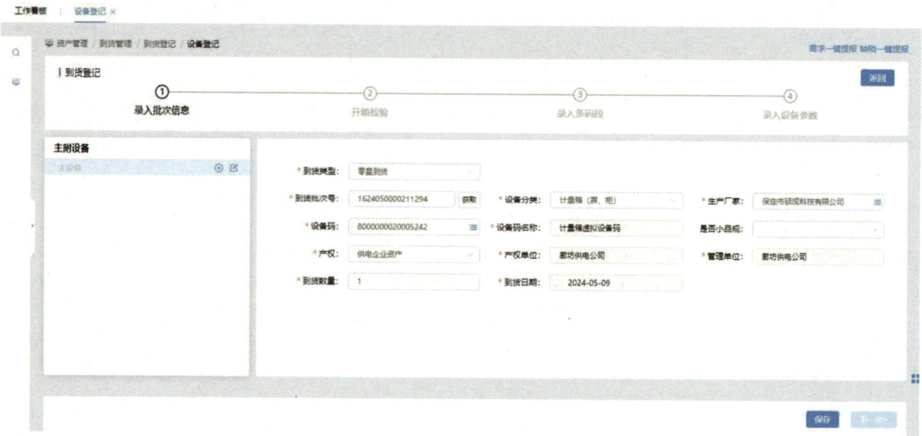

图 2-1　录入批次信息

对计量箱进行开箱校验，完成校验后，保存并进行下一步，如图2-2所示。

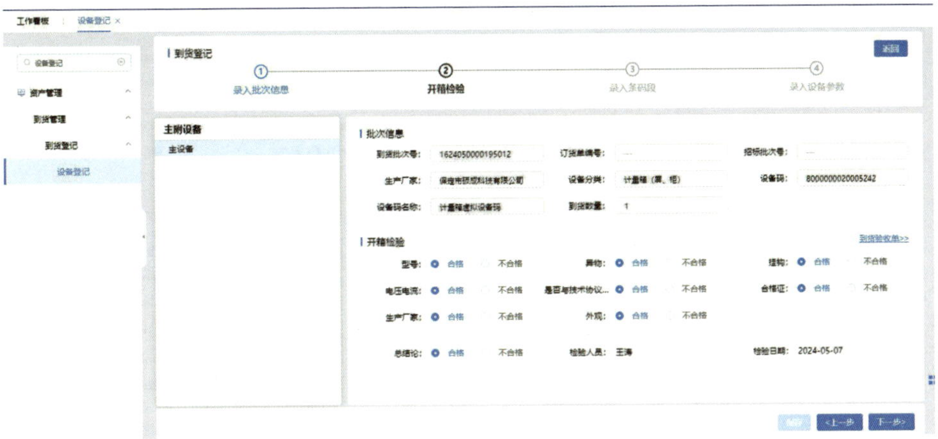

图 2-2　计量箱检验结果录入

　　点击"新增"按钮，填写"到货数量"，选择"开始条形码"，在"放号"弹窗中选择对应地市公司自购，点击"预放号"确定，保存并下一步，如图 2-3 所示。

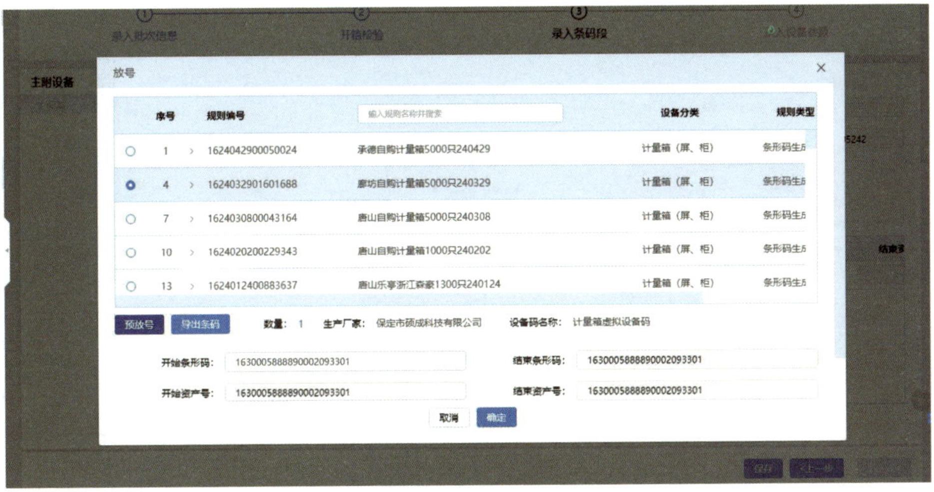

图 2-3　录入计量箱条码

　　根据实际需求进行选择，填写计量箱规格（类型、行列数、材质等），如图 2-4 所示，填写完毕后保存发送。

7

图 2-4 计量箱规格

在待办工单中找到对应工单，点击"工单编号"进入"设备建档"页面，点击"建档"按钮后保存并发送，完成计量箱建档工作，如图 2-5 所示，建档完毕后保存发送。

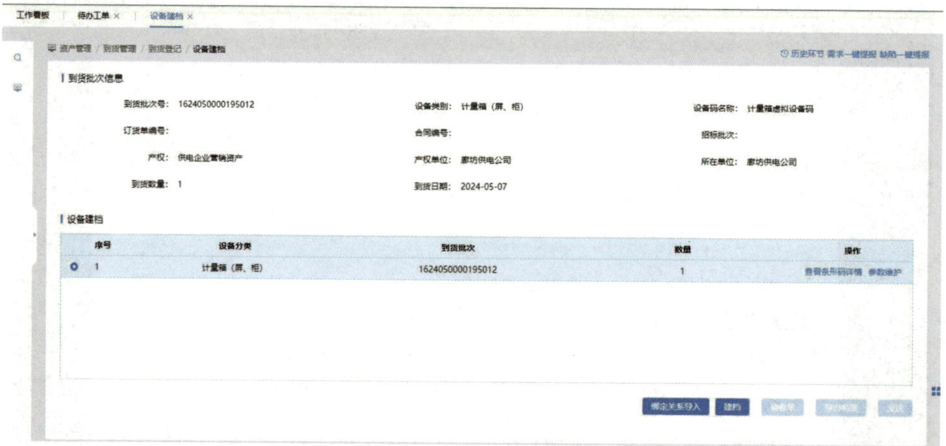

图 2-5 设备建档

在待办工单中找到对应工单，完成设备入库工作，可使用一键录入功能，并选择对应计量箱（屏、柜）存放区，进行平库入库，发送成功后，计量箱编号即可申请完毕，如图 2-6 所示。

图 2-6 设备入库

◇ 2. 如何查询用户档案信息？

左侧菜单栏选择"客户管理—客户信息—客户 360 视图—输入用户编号 / 用户名称 / 用户地址等"—点击"查询"，如图 2-7 所示。

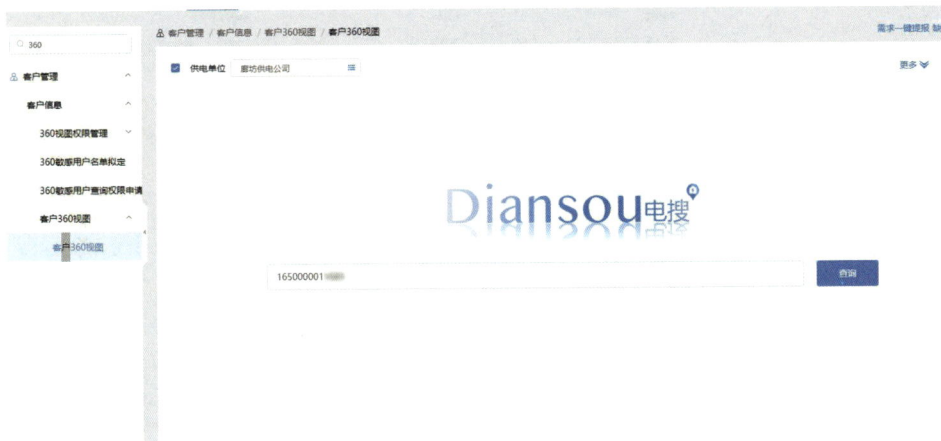

图 2-7 客户 360 视图

点击"用户编号"即可查询用户档案信息，如图 2-8 和图 2-9 所示。

图 2-8 查询用户档案

图 2-9 用户档案

点击"计量信息—选择用户编号",点击"查看详情"查看用户所属台区、线路、变电站等档案信息,如图 2-10 所示。

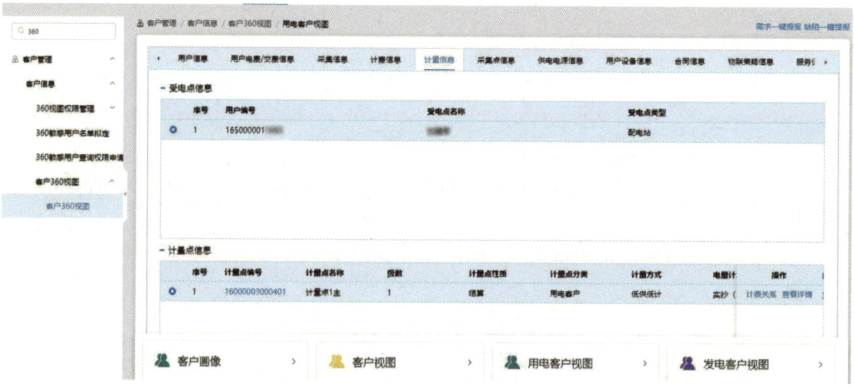

图 2-10 计量信息

点击"用户设备信息"—选择"受电设备信息"，查看变压器设备档案信息（公用变压器台区需根据考核户查询），如图 2-11 所示。

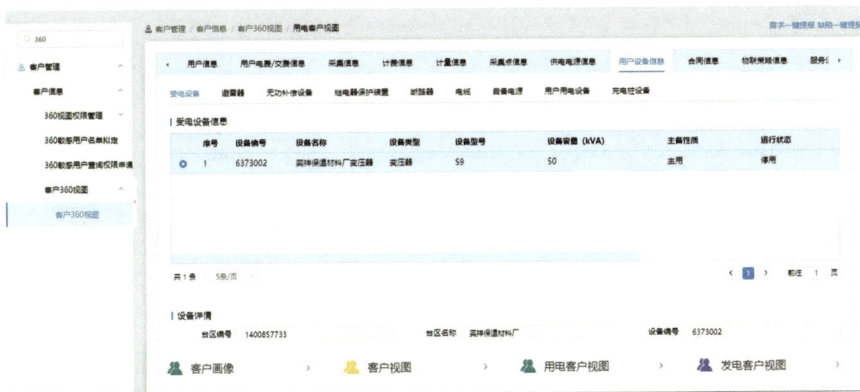

图 2-11　用户设备信息

◇ 3. 如何查询台区下用户档案信息？

左侧菜单栏选择"运行管理—运行查询主题—运行计量装置查询—供电单位"，选择"供电所/台区名称/变电站名称/线路名称"等，点击"查询"，下方显示信息包括电能表资产编号、条形码、所对应计量箱资产编号、用户编号、用户地址等信息，如图 2-12 所示。

图 2-12　运行计量装置查询

◇ 4. 如何查询台区档案信息及用户列表？

左侧菜单栏选择综合管理—线损管理—台区统一视图—输入"台区编号/台区名称"，点击"查询"查看台区档案信息及线损分析，如图 2-13 所示。

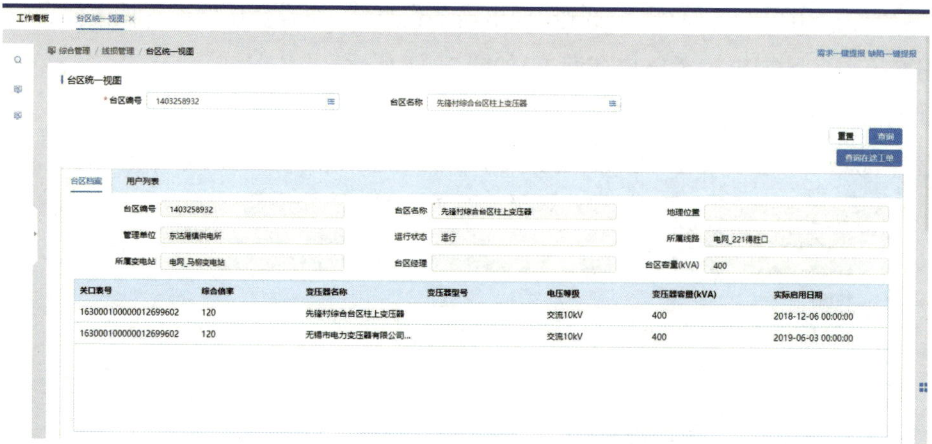

图 2-13 台区统一视图

点击"用户列表"查看此台区下用户档案清单，如图 2-14 所示。

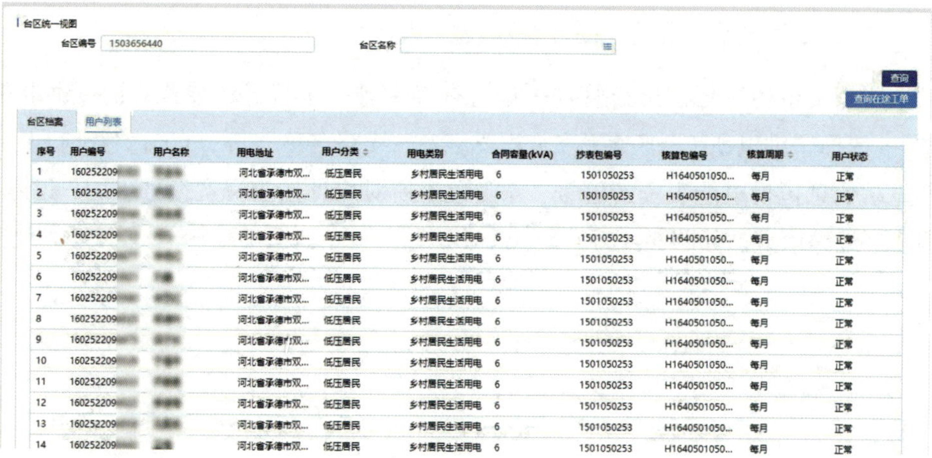

图 2-14 用户列表

◇ 5. 如何查询计量箱档案信息？

左侧菜单栏选择"资产管理—常用查询—资产查询—资产查询—管理单位（选到供电所一级）"（或点击包含下级单位）设备分类选择"计量箱（屏 / 柜）"—资产编号段起 / 资产编号段止中输入"计量箱资产编号"，点击"查询"，显示计量箱信息，如图 2-15 所示。

图 2-15　计量箱资产查询

点击"资产编号 / 条形码"，查看计量箱档案信息如图 2-16 所示。

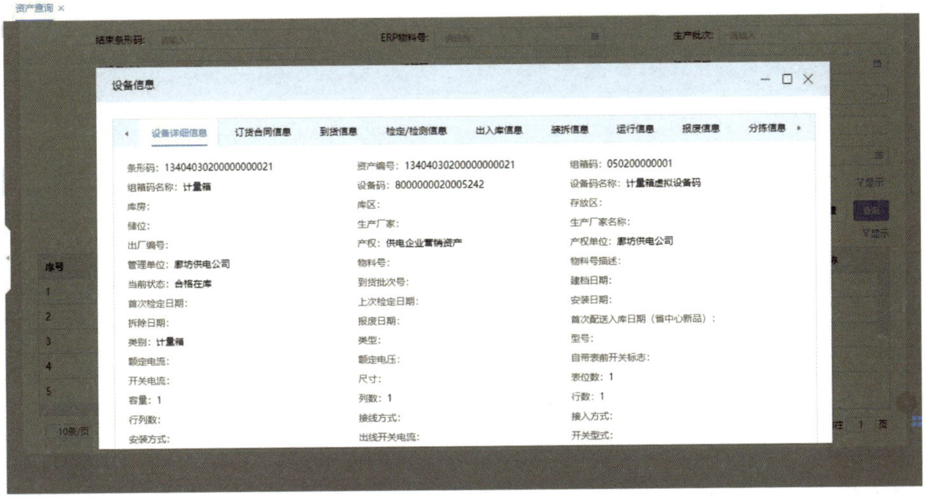

图 2-16　计量箱档案

◇ 6. 如何查询电能表档案信息？

左侧菜单栏选择"资产管理—常用查询—资产查询—资产查询—管理单位（管理单位选到供电所一级）"（或点击包含下级单位），设备分类选择"电能表"，输入电能表资产编号或条形码，点击"查询"，显示电能表信息，如图 2-17 所示。

图 2-17　电能表资产查询

点击"资产编号 / 条形码",查看该电能表档案信息,如图 2-18 所示。

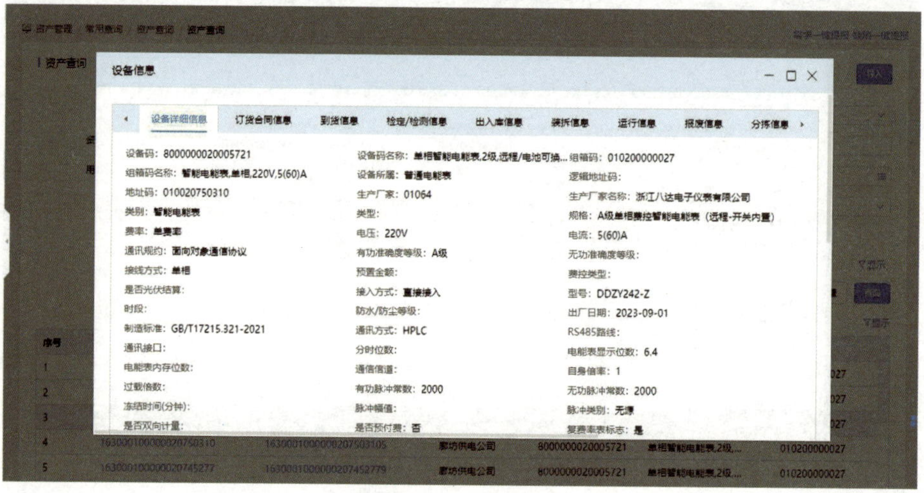

图 2-18　电能表档案

◇ 7. 如何查询变电站档案信息?

左侧菜单栏选择"运行管理—运行查询主题—变电站关口查询",选择供电单位—输入变电站名称(需点击右侧图标查询变电站名称),点击"查询"即可查看变电站关口信息,如图 2-19 所示。

图 2-19 变电站关口查询

◇ 8. 如何查询变电站、线路、变压器异动监控数据?

左侧菜单栏选择"综合管理—线损管理—异动数据监控"，在台区／线路异动前后查询页面点击"变电站异动"查询，选择"供电单位—异动时间段"，点击"查询"，查看此时间段内变电站异动情况，如图 2-20 所示。

图 2-20 变电站异动查询

点击"线路异动查询"，选择供电单位—异动时间段"点击"查询，查看此时间段内线路异动情况;（也可输入线路名称，查询此条线路在这一时间段内的异动情况），如图 2-21 所示。

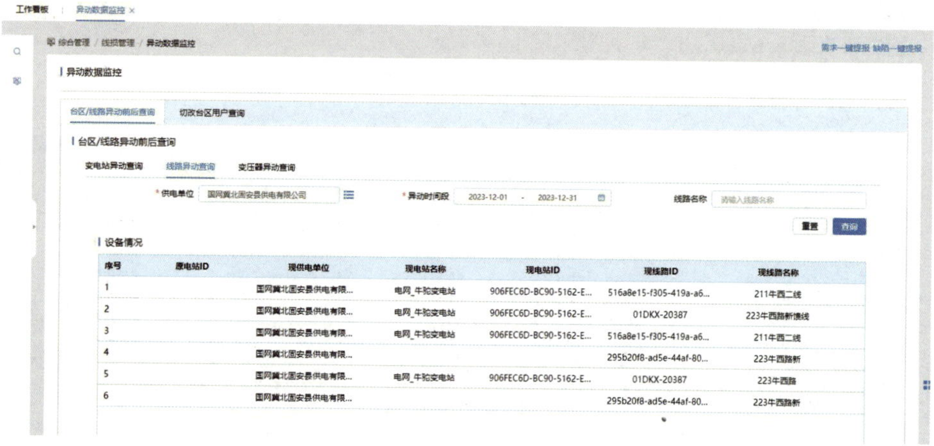

图 2-21　线路异动查询

点击"变压器异动查询"，选择"供电单位—异动时间段"，点击"查询"查看此时间段内变压器异动情况（也可输入变压器名称，查询此变压器在这一时间段内的异动情况），如图 2-22 所示。

图 2-22　变压器异动查询

◇ 9. 如何查询台区、用户切改情况？

左侧菜单栏选择"综合管理—线损管理—异动数据监控"，点击切改台区用户查询，选择供电单位—异动时间段，点击"查询"查看此时间段内台区及用户异动情况（也可输入现台区名称或编码，查询此台区在这一时间段内切改情况），如图 2-23 所示。

图 2-23　切改台区用户查询

◇ 10. 业扩工单图形维护环节的注意事项有哪些?

业扩新装增容、减容、减容恢复、暂停、暂停恢复等涉及新增、暂停或拆除变压器、计量箱等设备的流程，需要进入"空间拓扑维护"环节绘制相关设备，若跳过此环节，会因同源系统缺失图形而导致营销有同源无等问题数据。

在"空间拓扑维护"环节绘制相关设备时，需要确认此设备所属线路或台区及所在位置后与上级设备进行连接，避免因图形绘制错误或不规范产生异常数据。

◇ 11. 如何维护营销与同源单位关系?

左侧菜单栏选择"综合管理—线损管理—营配单位关系维护—维护申请"，点击"新增"选择营销单位、生产单位等信息—点击"保存"并发送，如图 2-24 所示。

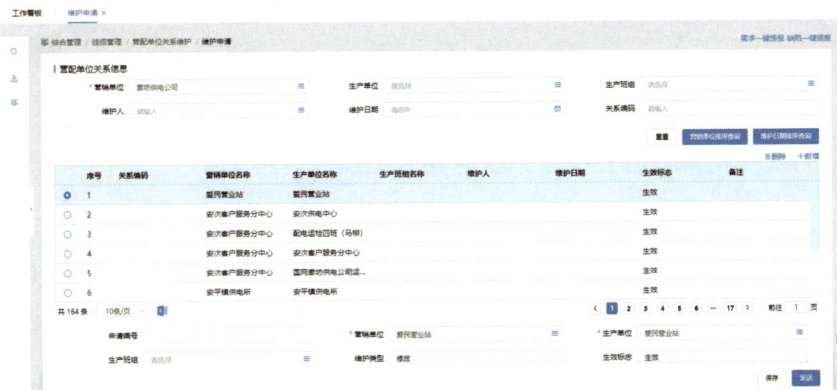

图 2-24　营配单位关系维护

返回待办工单页面—找到营配单位关系维护工单—点击维护审核，如图 2-25 所示。

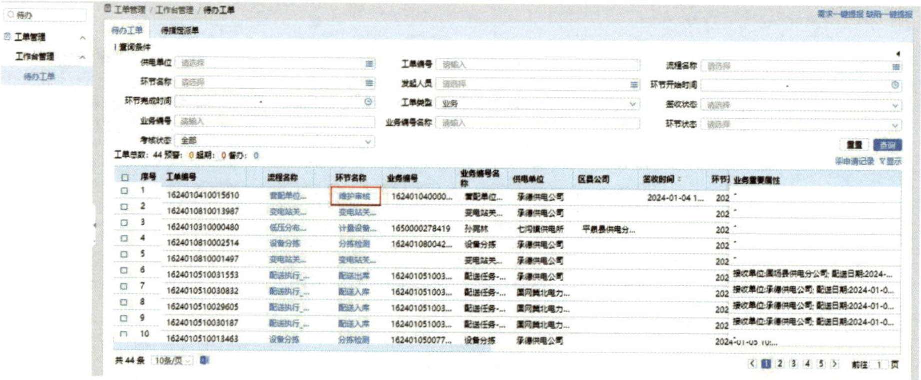

图 2-25　维护审核

进入维护审核页面确认无误后点击通过—输入通过意见—点击确定即可，如图 2-26 所示。

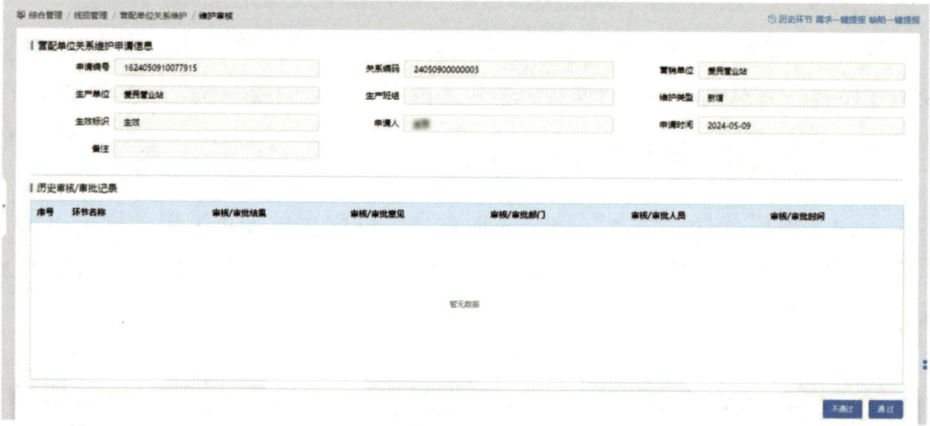

图 2-26　审核意见

◇ 12. 如何修改营销 2.0 系统专用变压器台区档案？

左侧菜单栏选择"业扩接入—其他业务—专用变压器台区维护"，输入台区编号 / 台区名称、用电户编号等信息点击查询—选择所需修改的台区信息—根据需求修改专用变压器台区明细中台区名称、容量、所属单位等信息—修改完成后点击保存，如图 2-27 所示。

图 2-27　修改专用变压器台区档案

◇ 13. 如何新增营销 2.0 系统专用变压器台区？

左侧菜单栏选择"业扩接入—其他业务—专用变压器台区维护"，点击"新增台区"，在专用变压器台区明细下输入台区名称、容量、所属单位、所属线路等信息，点击"保存"，如图 2-28 所示。

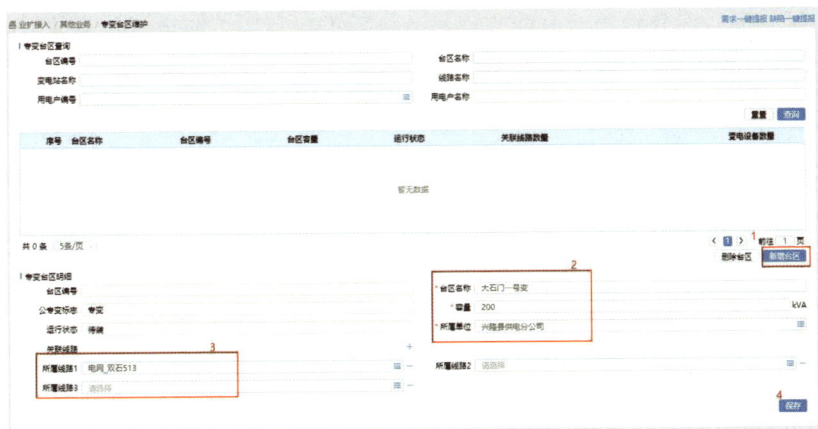

图 2-28　新增专用变压器台区

◇ 14. 如何删除营销 2.0 系统专用变压器台区？

左侧菜单栏选择"业扩接入—其他业务—专用变压器台区维护"，输入台区编号 / 台区名称、用电户编号等信息，点击"查询"，选择所需删除的台区信息，点击"删除台区"，点击"确定"，如图 2-29 所示。

图 2-29　删除专用变压器台区

第 2 节　能源互联网营销服务系统常见问题分析及处理方法

◇ 1. 如何解决箱表关系关联错误？

问题原因　部分轮换后电能表经过分拣后重新利用，旧箱表关系未解除，导致同一电能表关联两个或多个计量箱。

解决方案

第一步　左侧菜单栏选择"运行管理—运行维护—箱表关系维护—供电单位（管理单位选到供电所一级）"，输入台区编号 / 用户编号 / 计量箱资产编号，点击"查询"，选中所需计量箱信息，下方显示箱内设备明细，如图 2-30 所示。

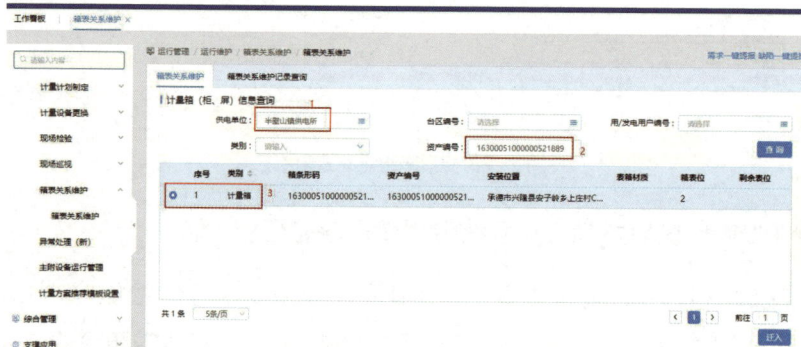

图 2-30　查询箱表关系

第二步　选中需解除箱表关系的电能表信息—点击"迁出"—提示操作成功即可，如图2-31所示。

图2-31　电能表迁出

◇ 2.如何解决无箱表关系问题？

问题原因　业扩新增和计量换表流程存在因人员操作不规范导致电能表丢失箱表关系情况，需重新关联。

解决方案

第一步　左侧菜单栏选择"运行管理—运行维护—箱表关系维护—供电单位（管理单位选到供电所一级）"，输入电能表所需关联的计量箱资产编号，点击"查询"，下方显示计量箱信息，选中计量箱，点击"迁入"，跳转到运行电能表查询页面，如图2-32所示。

图2-32　计量箱信息

第二步　输入电能表资产编号，点击"查询"，选中已查询出的电能表，下方显示电能表表位等信息，如图2-33所示。

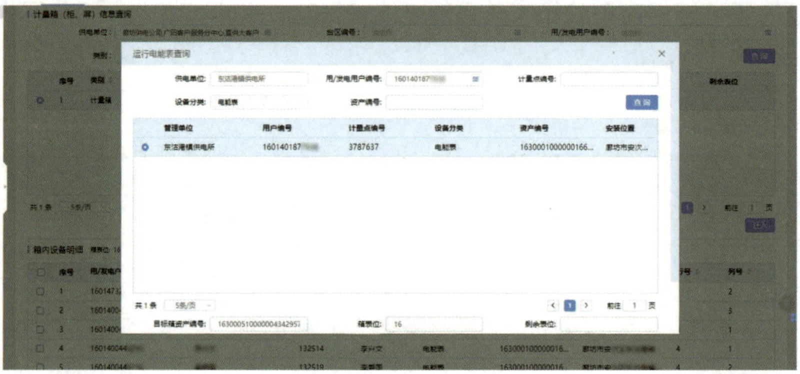

图 2-33　添加箱表关系

第三步　输入电能表所属行、列信息，点击"保存"，提示迁入成功即可，如图 2-34 所示。

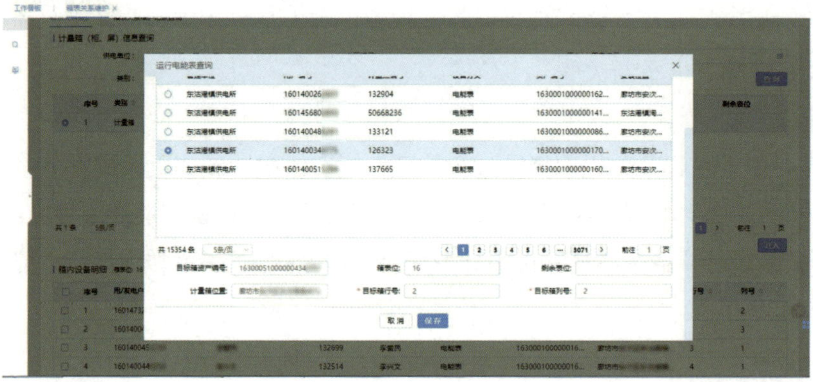

图 2-34　填写行、列信息

◇ 3. 如何处理表箱跨台区问题？

问题原因　业扩新装、增容等流程中，因系统原因或其他原因，导致同一计量箱中存在两个或多个台区电能表。

解决方案

第一步　左侧菜单栏选择"运行管理—运行维护—箱表关系维护—供电单位（管理单位选到供电所一级）"，输入表箱跨台区相应的计量箱资产编号进行查询，选中计量箱，找到跨台区的电能表—点击"迁出"，输入电能表对应正确计量箱资产编号，点击"查询"，下方显示计量箱信息，选中计量箱，点击"迁入"，跳转到运行电能表查询页面，如图 2-35 所示。

图 2-35　计量箱信息

第二步　输入电能表资产编号，点击"查询"，选中已查询出的电能表，下方显示电能表表位等信息，如图 2-36 所示。

图 2-36　迁入电能表

第三步　输入电能表所属行、列信息—点击保存，提示迁入成功即可，如图 2-37 所示。（电能表迁入新计量箱后，与旧计量箱自动解除箱表关系。）

图 2-37　填写行、列信息

◇ 4. 如何修改台区管理单位?

问题原因　因人员操作或同源与营销同步接口问题,导致营销管理单位未到供电所一级,需要手动修改。

解决方案

第一步　选择"综合管理—线损管理—台区管理单位维护—供电单位(管理单位选到供电所一级)",输入台区编号/台区名称/线路/变电站—点击查询,下方显示台区信息,点击详情,可查看台区详细信息,如图 2-38 所示。(使用上一级供电单位账号进行修改。)

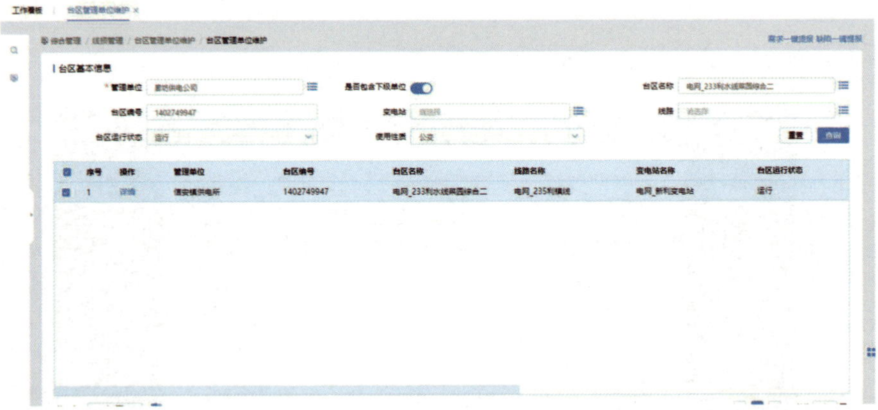

图 2-38　查询台区

第二步　选择所需修改的台区,点击右下方"批量修改",选择台区正确管理单位,点击"保存",提示保存成功即可,如图 2-39 所示。

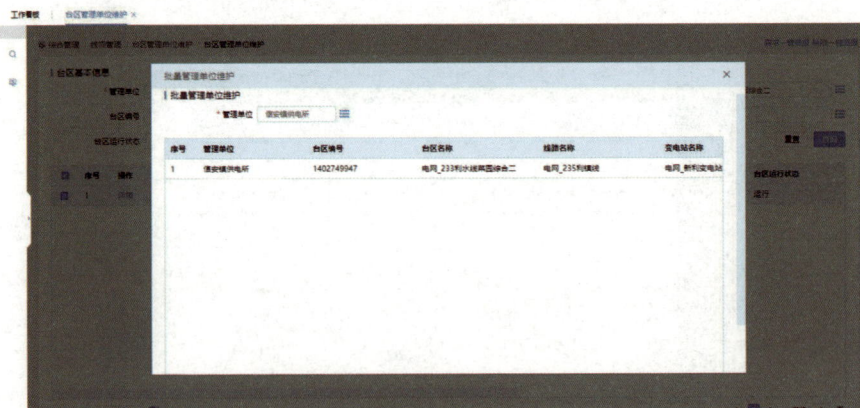

图 2-39　修改管理单位

◇ 5. 如何解决同一表位安装多块电能表？

问题原因 因操作不当或其他原因导致计量箱同一表位安装多块电能表或电能表行列错误。

解决方案

第一步 左侧菜单栏选择"运行管理—运行维护—箱表关系维护—供电单位（管理单位选到供电所一级）"，输入台区编号 / 用户编号 / 计量箱资产编号，点击"查询"，选中所需计量箱信息，下方显示箱内设备明细，如图 2-40 所示。

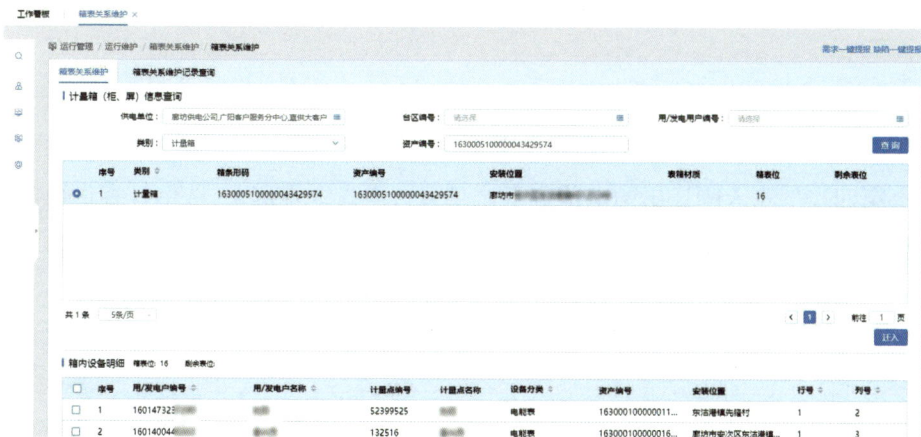

图 2-40 查询计量箱

第二步 选中需解除箱表关系的电能表信息，点击"迁出"，提示操作成功，如图 2-41 所示。

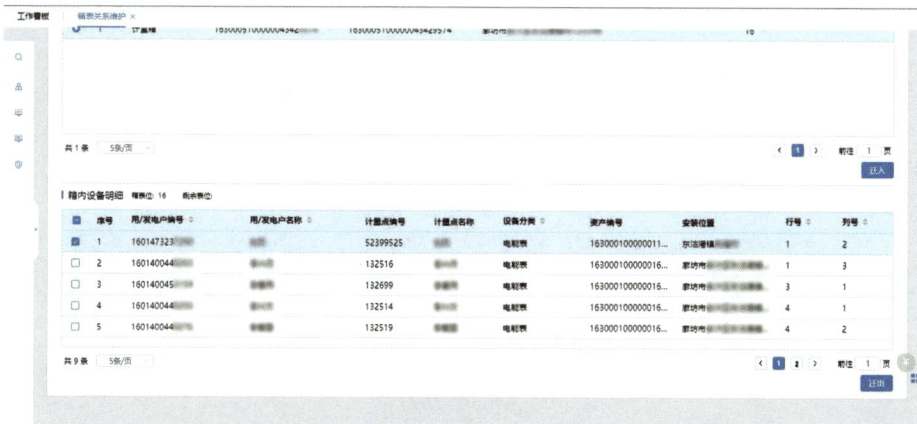

图 2-41 迁出电能表

第三步　再次选中所需计量箱信息—点击"迁入"，跳转到运行电能表查询页面，如图 2-42 所示。

图 2-42　迁入电能表

第四步　输入刚迁出的电能表资产编号，点击"查询"，选中已查询出的电能表，下方显示电能表表位等信息，如图 2-43 所示。

图 2-43　查询电能表

第五步　核实电能表正确行、列信息并输入，点击"保存"，提示迁入成功即可，如图 2-44 所示。

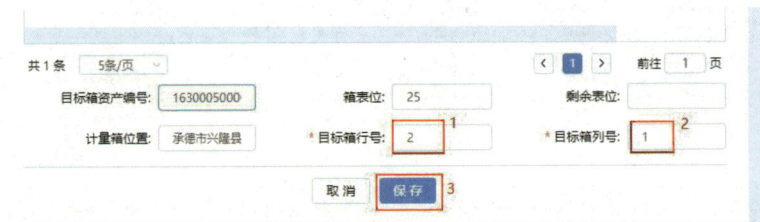

图 2-44　修改行、列信息

◇ **6. 如何处理专用变压器有台账无图形问题？**

问题描述 专用变压器在营销 2.0 系统内有设备档案，同源系统无对应图形信息。

解决方案

根据营销 2.0 系统中用户的档案信息核实现场"是否存在"专用变压器。

若存在，核实专用变压器现场位置，并在同源系统进行图形绘制，并填写相关属性信息。

27

若现场变压器已拆除，但营销系统内变压器仍为运行状态，需营销 2.0 系统走相关流程拆除专用变压器或联系相关专业进行处理。

◇ **7. 如何处理营销与同源"站—线—变"不一致问题？**

问题描述 专用变压器在营销 2.0 系统和同源系统所属线路、变电站不一致。同源系统中专用变压器所属线路（字段）为"佳荞二路 521"，如图 2-45 所示。

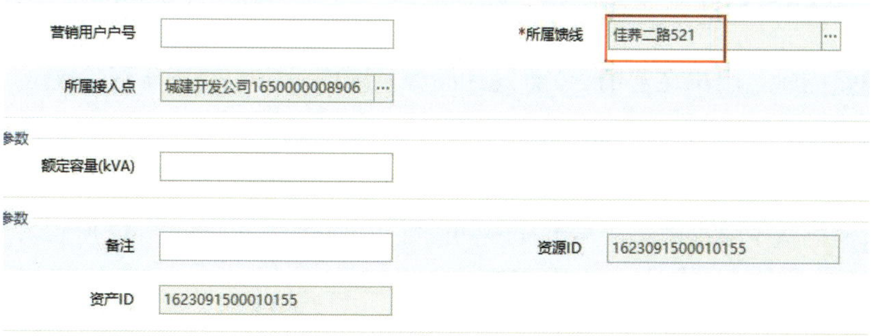

图 2-45 同源系统中专用变压器所属线路

但营销 2.0 系统用户对应的所属线路字段为"兴品 511"，如图 2-46 所示。

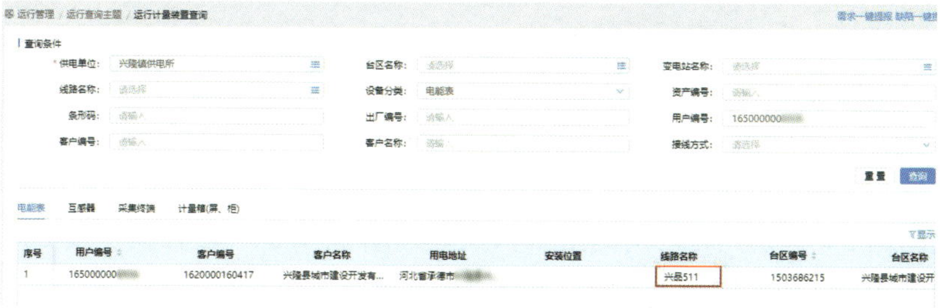

图 2-46 营销系统中专用变压器所属线路

问题原因 1　同源侧线路切完成后，线路信息未同步至营销系统。

问题原因 2　业扩工单在"空间拓扑维护"环节中，专用变压器挂接到错误线路。

解决方案

第一步　需要核实现场变压器的所属线路。

第二步　将营销 2.0 系统的专用变压器用户和同源系统的变压器所属线路与现场变压器的所属线路进行对比。

若营销 2.0 系统线路信息正确，需在同源系统中做"设备切改（操作）"将专用变压器切改到正确线路下，并对线路进行"数据检查"，完成同源系统专用变压器设备维护。

若同源系统中专用变压器挂接关系正确，需要在营销 2.0 系统业扩接入—其他业务—批量更改线路台区—内部工单发起模块下将专用变压器用户调整到正确线路下。

◇ 8. 如何处理户变关系不一致问题？

问题描述　用户在营销 2.0 系统和同源系统中对应的变压器不一致。

情况一：

如图 2-47 所示，同源系统中计量箱所属变压器（字段）为"10kV782 西桐一线天河桐盛 1 号配电室 1 号变压器间隔配电变压器"，如图 2-47 所示。

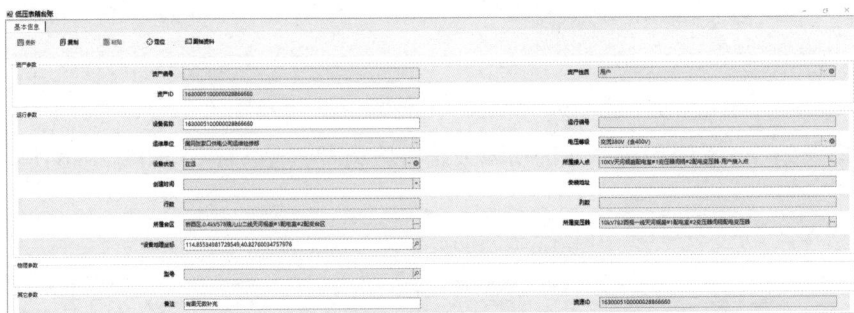

图 2-47　同源计量箱所属变压器

但营销 2.0 系统用户对应的所属台区为"电网 _10kV782 西桐一线天河桐盛 1 号配电室 2 号变压器间隔配电变压器"，如图 2-48 所示。

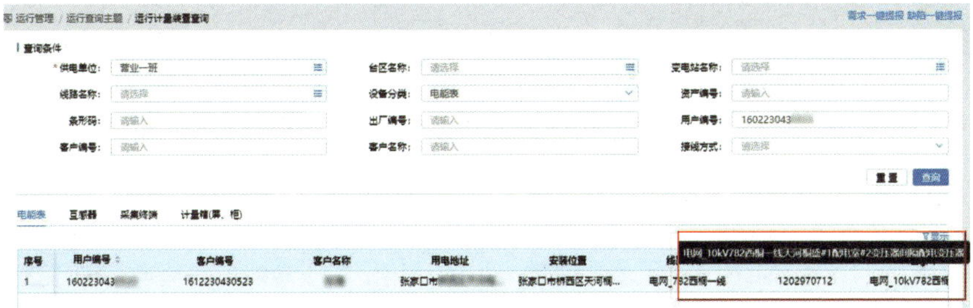

图 2-48　营销用户所属台区

问题原因 1　营销 2.0 系统中已调户，但同源系统中未修改计量箱所属台区。

问题原因 2　在同源系统中，修改计量箱与变压器的挂接关系后，户变关系未同步到营销 2.0 系统。

解决方案

第一步　需核实用户现场所属台区。

第二步　将营销 2.0 系统的低压用户和同源系统对应的计量箱与现场用户的所属台区进行对比。

若同源系统与现场一致，需要在营销 2.0 系统中选择业扩接入—其他业务—批量更改线路台区—内部工单发起，在申请信息页面点击"保存"，跳转至批量更改线路台区页面，如图 2-49 所示。

图 2-49　申请信息

原始台区选择错误台区—目标台区选择正确台区—点击"查询"，原始台区用户下选择需修改用户，点击右侧三角 > 发送到目标台区，如图 2-50 所示。

选择目标台区下用户或根据导入模板批量导入所需要修改的用户，点击"发送"，进行下一步审批至信息归档，如图 2-51 所示。

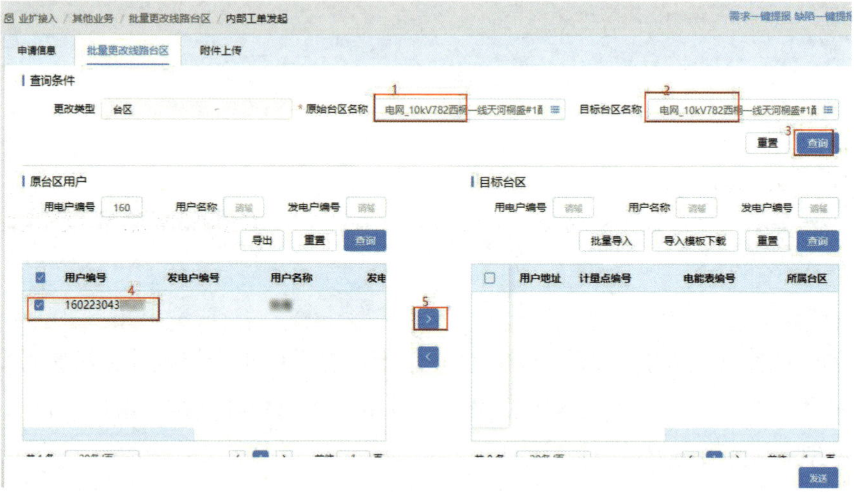

图 2-50　修改所属台区

图 2-51　导入用户

若营销系统档案与现场一致，则需要在同源系统中维护计量箱图模信息，并将计量箱挂接在正确的台区下。

另外，核对计量箱位置是否正确，若位置正确，找到正确台区后将计量箱与正确台区挂接；若计量箱位置错误，将计量箱切改到正确位置后，再挂接到正确的台区下。

情况二：

问题描述　同源系统中资源 ID 与资产 ID 不一致导致与营销 2.0 系统对应不上，如图 2-52 所示。

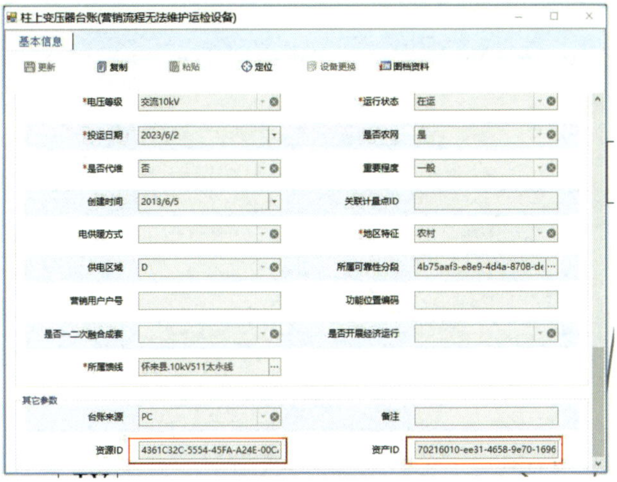

图 2-52　同源变压器台账

问题原因　一般为旧变压器再利用，资产 ID 发生改变并推送至中间库，营销 2.0 取中间库中 PMSID 产生新台区，并将旧台区下用户变更到新台区，导致营销 2.0 系统 PMSID 对应同源系统资产 ID，但问题数据抽数规则为营销 2.0 系统 PMSID 对应同源侧资源 ID，因此产生问题数据，如图 2-53 所示。

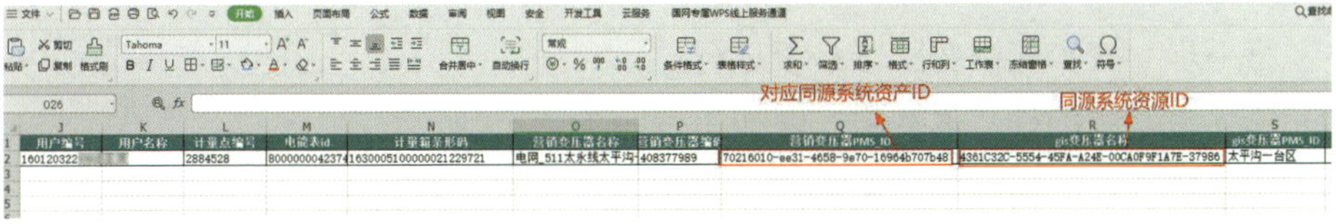

图 2-53　台户关系不一致

解决方案

第一步　根据同源侧资源 ID 对应变压器名称查询 / 台区编号查询营销 2.0 系统此台区（若已拆除，修改为运行状态），将资产 ID 对应台区下用户调至资源 ID 对应的变压器下。

第二步　若资产 ID 对应营销 2.0 系统变压器已不再使用，可将变压器及台区修改为"拆除"状态。（同时对该变压器下对应用户进行调整。）

◇ 9. 如何处理未挂运行变压器的低压电能表问题？

问题原因　台区下存在正常用电用户，但变压器为非"运行"状态，如图 2-54 和图 2-55 所示。

图 2-54 运行计量装置查询

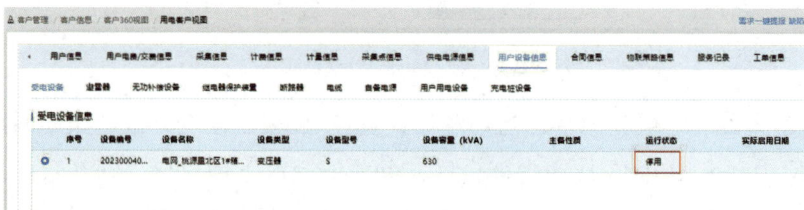

图 2-55 台区下用户信息

解决方案

第一步 核实现场变压器是否运行。

第二步 若运行，将营销系统变压器改为"运行"状态。

第三步 若现场已停用或拆除，需核实台区下用户状态，根据现场情况将用户销户或调至正确台区下。

◇ 10. 计量箱设备如何更换？

问题原因 现场设备老旧或破损，需要营销系统同步更换计量箱资产。

解决方案

第一步 计量计划拟定：左侧菜单栏选择运行管理—运行维护—计量计划制定—计量计划拟定，打开窗口后选择计划种类为更换，设备分类为计量箱（柜）等信息后保存，如图 2-56 所示。

保存拟定计划后点击计划明细"新增"按钮，弹出查询窗口，查询需要更换的计量箱，选择"确定"后增加计划明细，如图 2-57 所示。

保存计划明细后选择"发送"，然后工单流转至拟定计划审批环节，在相应审批人待办工单中进入工单进行拟定计划审批，审批通过后拟定计划工单办结，需要发起计量设备更换流程，如图 2-58 所示。

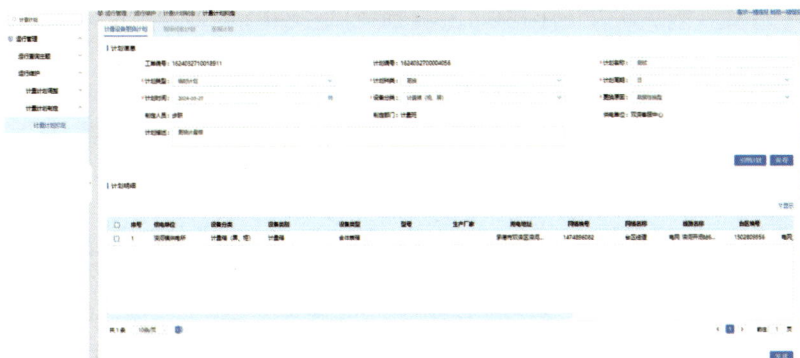

图 2-56　计量计划拟定

图 2-57　计量计划拟定新增明细

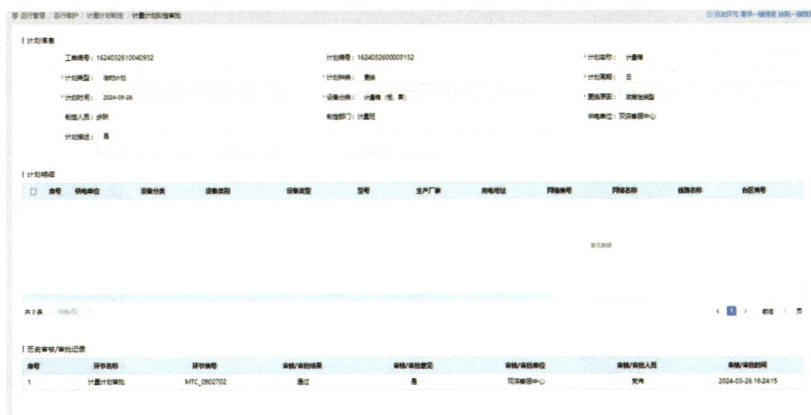

图 2-58　计量计划拟定审批

第二步　发起计量设备更换流程。在左侧菜单栏选择"运行管理—运行维护—计量设备更换—任务拟定派工",打开窗口,如图 2-59 所示。

图 2-59　计量设备更换

在页面选择任务类型为更换,填写申请信息,点击"保存",如图 2-60 所示。

图 2-60　任务拟定派工

点击"新增",选择设备类型查询计划信息,并选择计划明细,如图 2-61 所示。

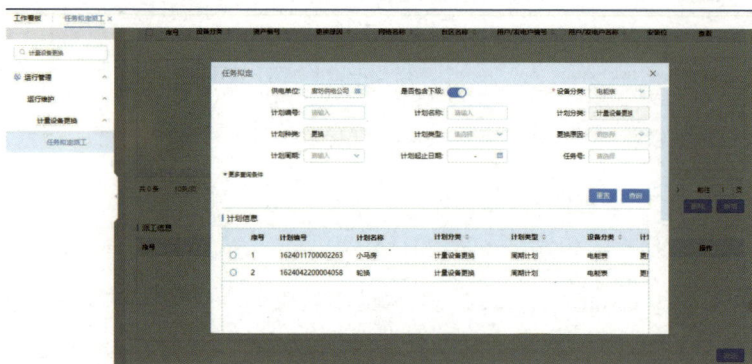

图 2-61　任务拟定派工

点选"工单管理/待办工单"打开待办窗口，并输入在任务拟定派工环节发送成功时的工单编号，点击"查询"，选中工单，点击"方案配置"，如图2-62所示。

图 2-62　待办工单

进入计量设备更换方案配置页面，可查看更换任务明细、上传更换通知单并关联多个更换任务明细，如图 2-63～图 2-65 所示。

图 2-63　方案配置

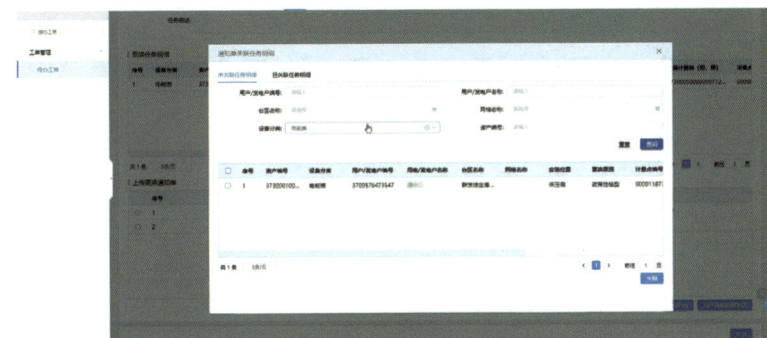

图 2-64　计量设备更换

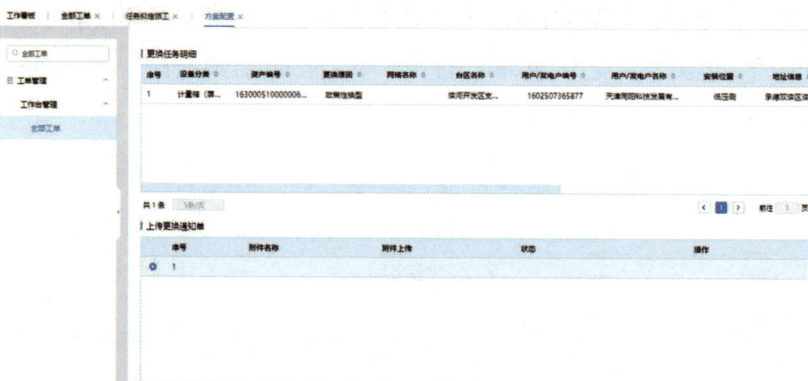

图 2-65　计量设备更换

点击方案配置页签，查看计量方案、采集方案、计量箱方案、量测单元方案，如图 2-66～图 2-69 所示。

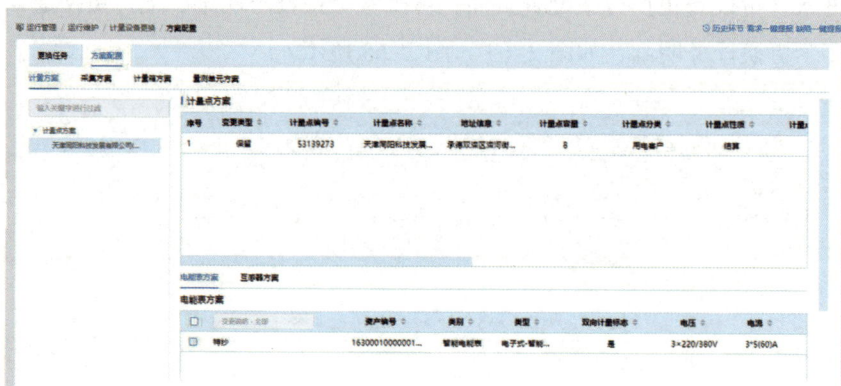

图 2-66　方案配置（一）

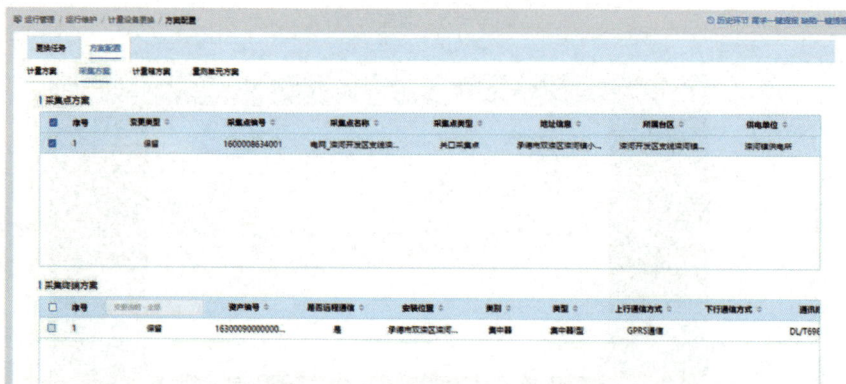

图 2-67　方案配置（二）

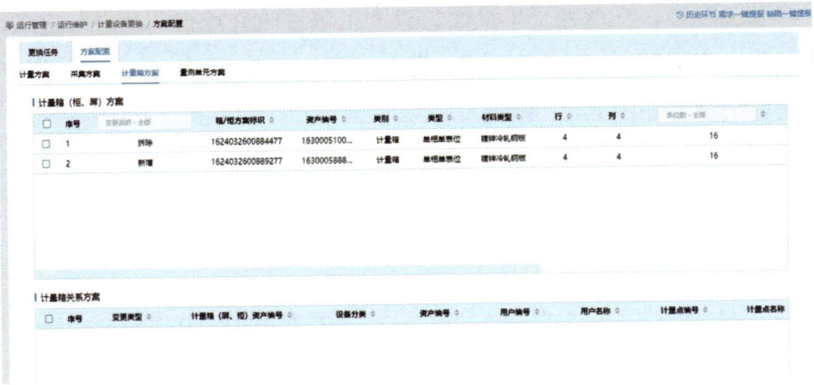

图 2-68 方案配置（三）

图 2-69 方案配置（四）

点击"发送"按钮完成计量设备更换方案配置环节，流程转入下一个环节，如图 2-70 所示。

图 2-70 工单发送成功

登录系统账号，在待办工单页面，查询工单签收并点击"待办"进入计量设备更换配置出库页面，点击"签收"，根据装表施工单对更换设备进行资产配置，可查看配置记录，如图 2-71 所示。

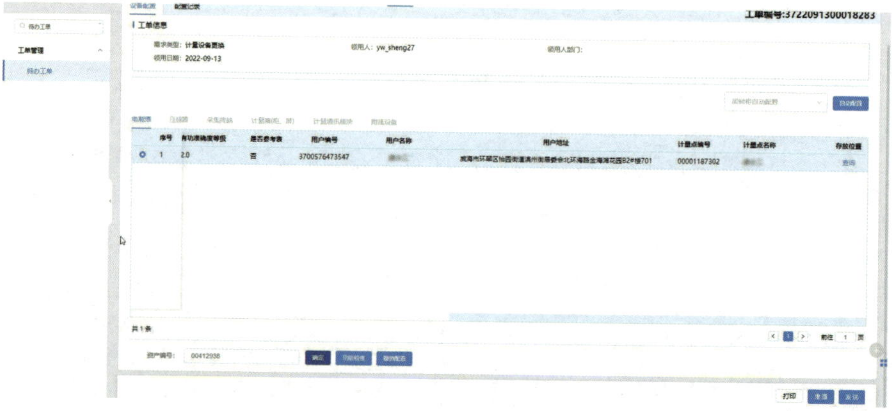

图 2-71 配置出库

录入资产编号点击"确定"，资产配置完成后点击"发送"，完成配置出库操作，如图 2-72 所示。

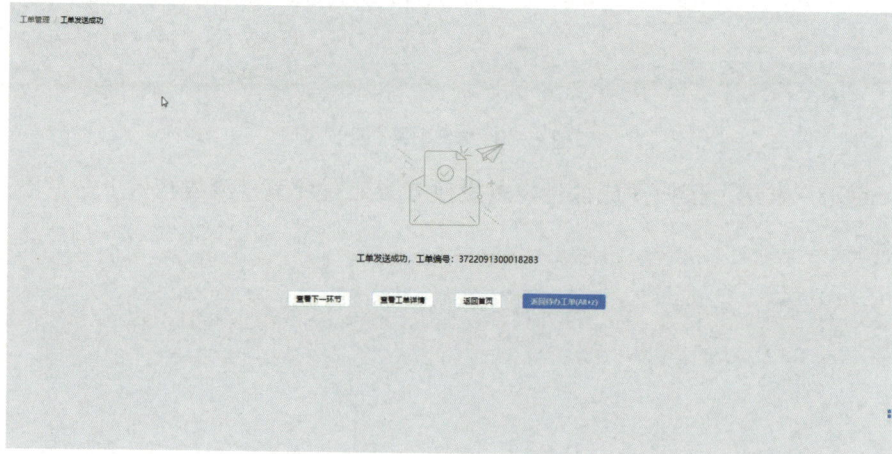

图 2-72 工单发送成功

在待办工单中，查询配置出库环节发送完成后的工单号，点击装拆调试进入环节，点击"签收"，进行表计装拆示数录入、上传图片、采集设备调试、查看采集点及关系信息、计量箱信息等如图 2-73 所示。

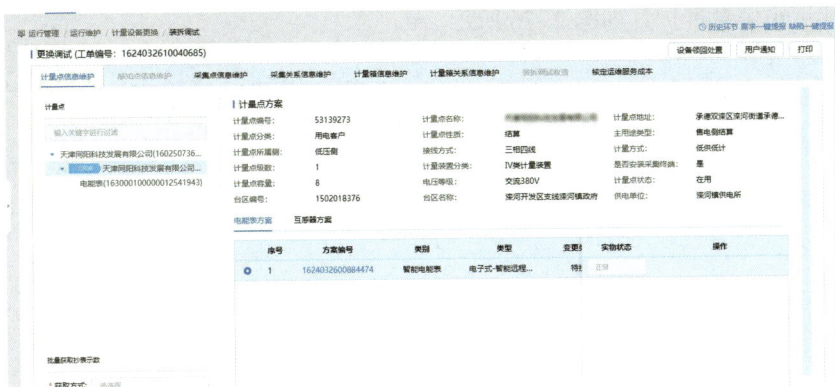

图 2-73 计量点信息维护

采集点信息维护，如图 2-74 所示。

图 2-74 采集点信息维护

采集关系信息维护，如图 2-75 所示。

图 2-75 采集关系信息维护

计量箱信息维护，如图 2-76 所示。

图 2-76　计量箱信息维护

计量箱关系信息维护，如图 2-77 所示。

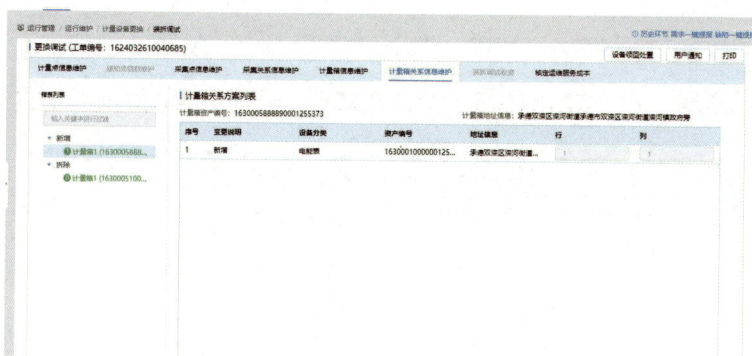

图 2-77　计量箱信息关系维护

设备调试完成后，点击"发送"完成装拆调试环节，如图 2-78 所示。

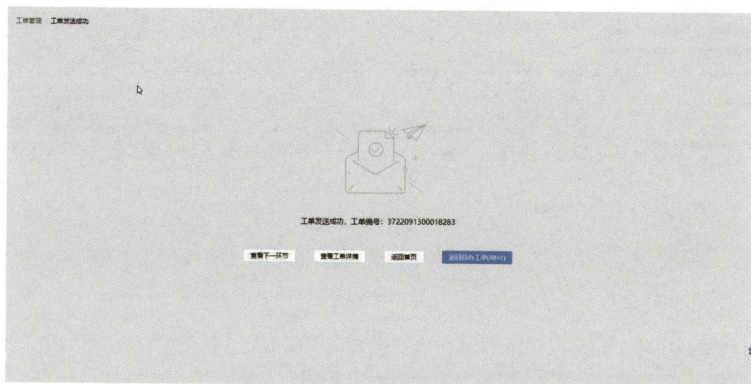

图 2-78　工单发送成功

在待办工单中，查询装拆调试环节，发送完成后的工单号库，点击"拆回入库"进入环节，如图 2-79 所示。

图 2-79　拆回设备入库

点选存放位置找到其对应的库区，入库资产录入资产编号后点击"保存"完成入库，如图 2-80 所示。

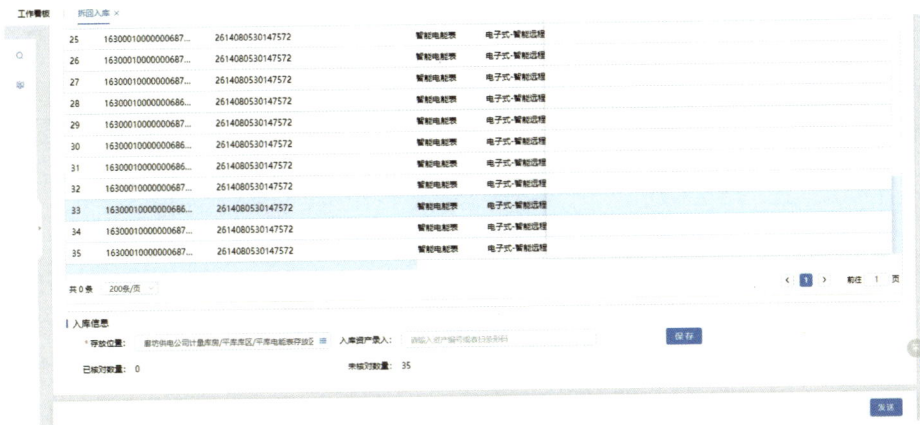

图 2-80　计量箱设备入库成功

拆回入库完成后，点击"发送"该工单归于已办结，如图 2-81 所示。

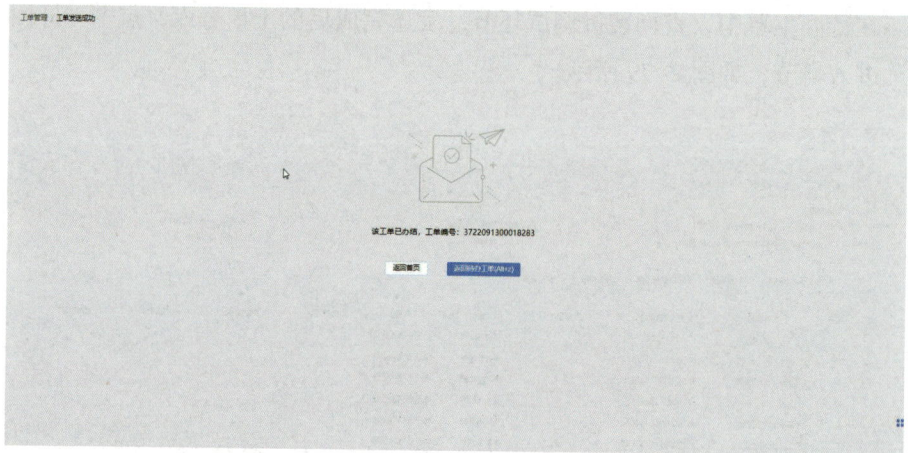

图 2-81　工单办结

第三步　计量设备更换流程完结后，需要在同源系统维护新增设备图形。

第 **3** 章

新一代设备资产精益管理系统（PMS3.0）

第1节　新一代设备资产
精益管理系统（PMS3.0）操作流程

◇ 1. 如何新增检修计划?

检修计划应用主要包括计划编制、审核、发布。计划编制中，检修计划来源于技改大修项目、周期试验、周期检测；计划审核中，由检修专责对计划进行审核；计划发布检修班长可对已审核的计划进行派发。检修计划主要为桌面端操作，实现检修计划编制、检修计划审核、检修计划的发布，以及派发，支撑检修业务全过程线上运转，如图 3-1、图 3-2 所示。

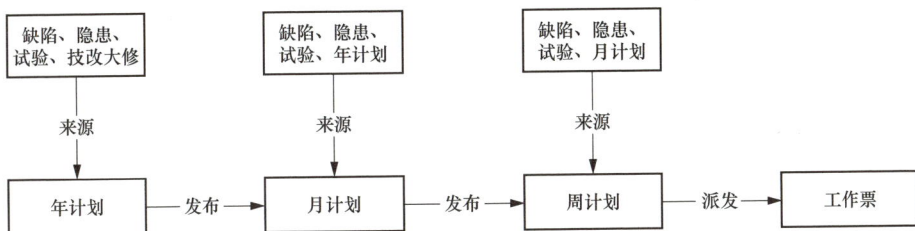

图 3-1　检修计划业务流向

图 3-2　检修计划业务流程

第一步　停电或者不停电进行计划新建，计划新建后，该计划会生成至数据展示区，点击"+"跳转至编辑计划区。可选择停电或不停电计划进行新建，如选择不停电计划，可关联对应的检修设备；如选择停电计划，则可关联停电范围。停电与不停电都可以选择来源于缺陷、隐患、试验的设备进行新建，如图 3-3 和图 3-4 所示。

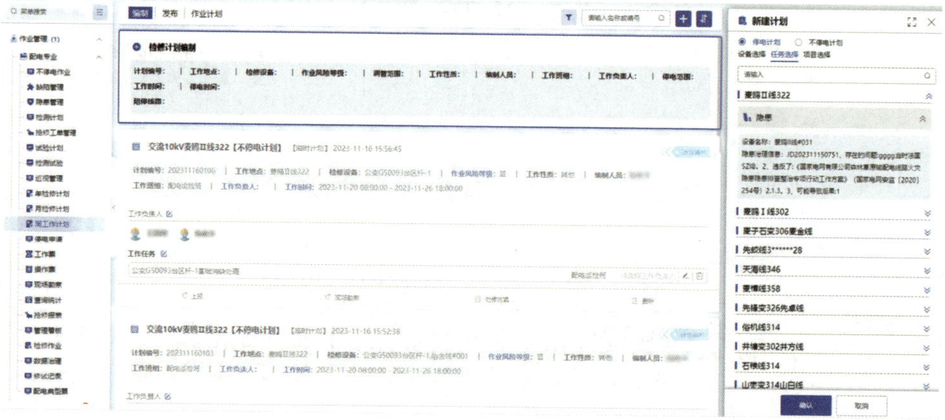

图 3-3　停电计划

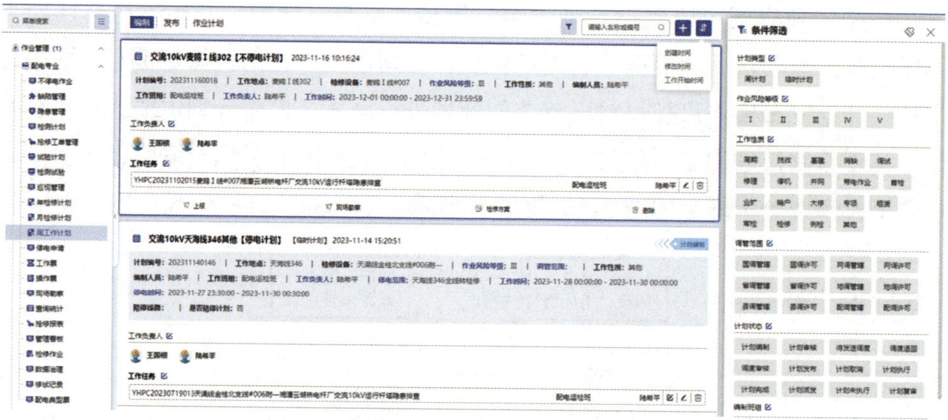

图 3-4　不停电计划

　　第二步　点击"确定"按钮后，新建的计划会展示在数据展示区的第一条，已关联缺陷、隐患、试验则会在作业内容选择区展示对应的设备信息及设备来源。如图 3-5 所示。

图 3-5　新建完成

　　第三步　如果该计划未生成检修方案，点击"检修方案"按钮则生成检修方案，已生成方案会提示请勿重复生成检修方案。检修方案可在界面右侧查看，如图 3-6 所示。

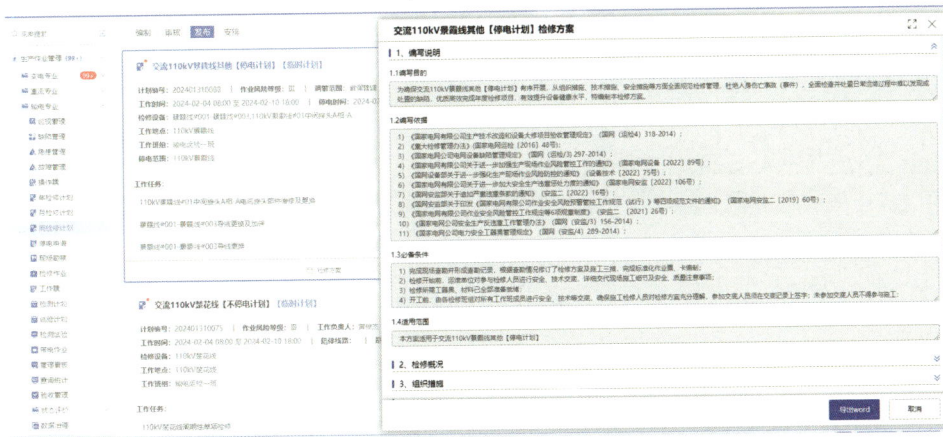

图 3-6　检修方案

　　第四步　点击"上报"按钮，弹出审核人选择区，可选择常用人员进行上报，也可点击人员选择通过人员组织树选择审核人员，点击人员右侧的五角星可设置为常用人员，选择完人员后点击"发送"按钮，切换至审核人账号的审核界面可对该计划进行审核，如图 3-7 所示。

图 3-7　上报

第五步　点击计划标题后弹出计划信息界面，可查看计划基本信息，停电计划可查看停电单线图，不可对计划内容进行修改，如图 3-8 和图 3-9 所示。

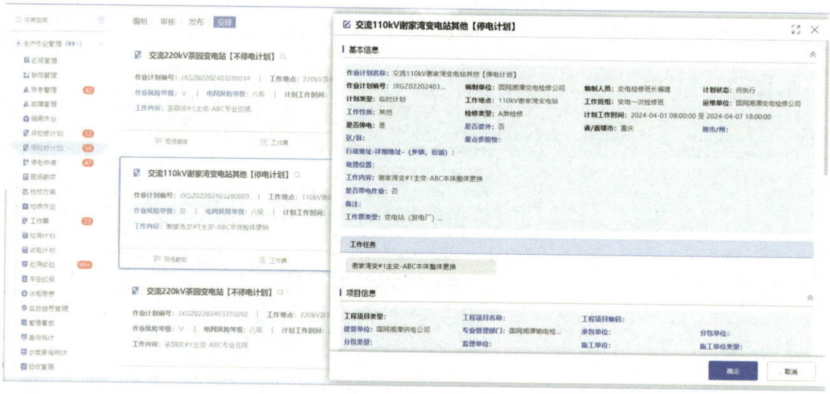

图 3-8　计划查看

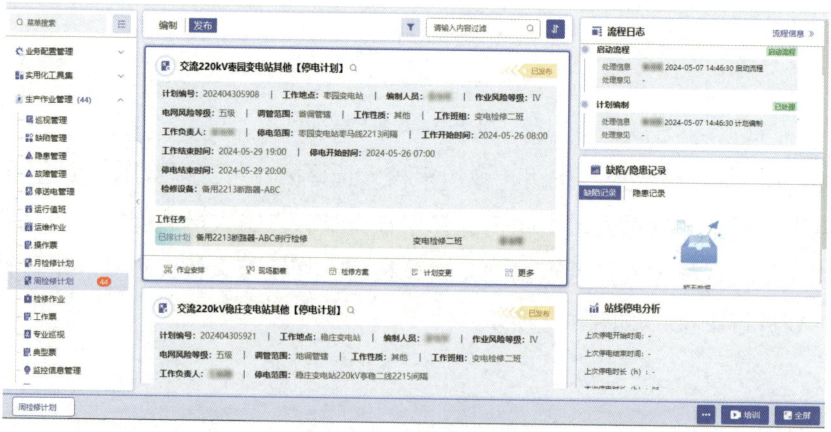

图 3-9　工作计划发送

第六步　发送至调度审核完成后，点击"计划派发"按钮，将计划派发至对应班组进行现场开票流程。如图 3-10 所示。

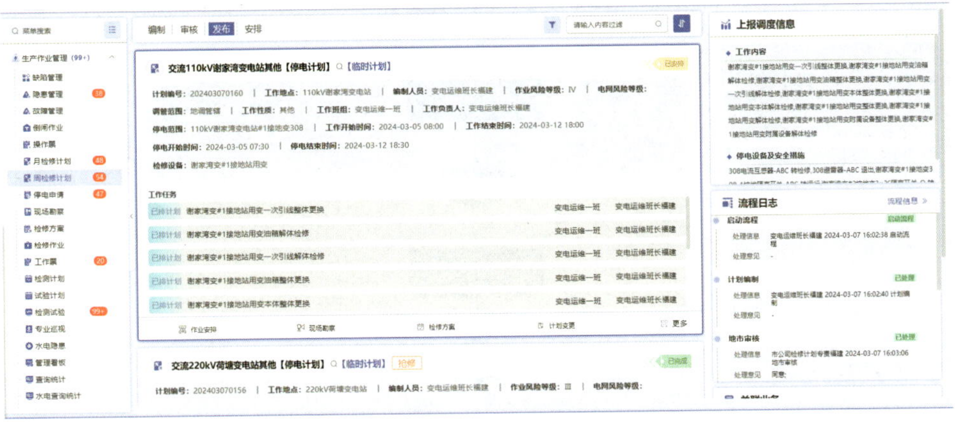

图 3-10　计划派发

◇ 2. 如何新增缺陷？

缺陷管理应用主要包括缺陷登记、审核等功能，覆盖桌面端、移动端，运维、检修日常工作人员，从发现缺陷登记审核，到检修专责消缺安排，再由运维人员进行验收，实现一体化缺陷流程，完成消缺闭环。如图 3-11 和图 3-12 所示。

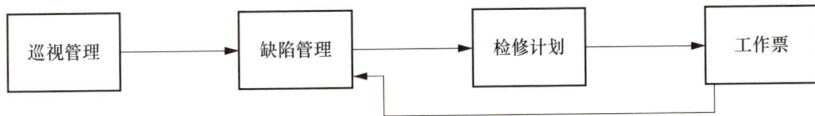

图 3-11　缺陷管理业务流向

第一步　打开 pms3.0 系统首页，在左侧菜单栏中，点击"缺陷管理"，进入缺陷管理—我的列表，点击页面右上角"+"顶部弹出缺陷登记卡片，如图 3-13 所示。

第二步　在右侧弹出展示区，通过选择设备搜索框，可模糊搜索选择需要登记的缺陷设备，选中一条设备，点击"确定"即可完成设备选择，如图 3-14 和图 3-15 所示。

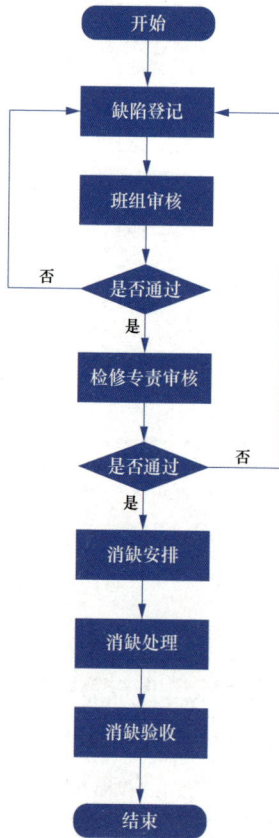

图 3-12 缺陷管理业务流程

图 3-13 缺陷登记

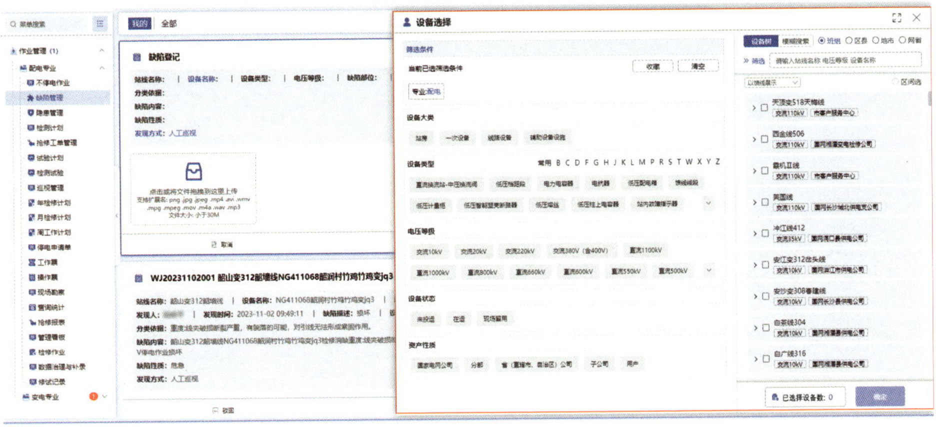

图 3-14　模糊搜索设备

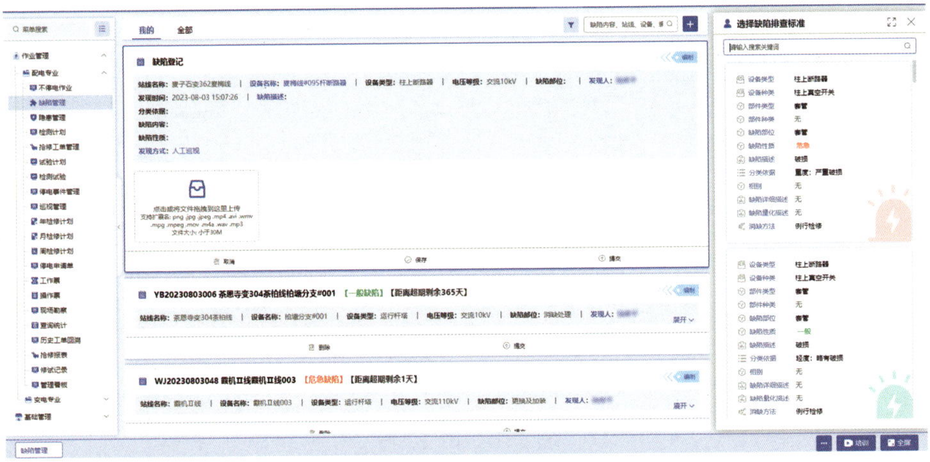

图 3-15　选择设备

第三步　点击一条缺陷描述卡片，即可完成缺陷描述选择，点击上传附件框，可上传缺陷照片、视频等附件、支持 png、jpg、img、mp4 等格式，如图 3-16 和图 3-17 所示。

第四步　信息录入完成之后，点击"保存"，即可保存该缺陷，保存之后点击"发送"按钮，即可将缺陷发送至班组长处审核，如图 3-18 所示。

图 3-16　描述选择

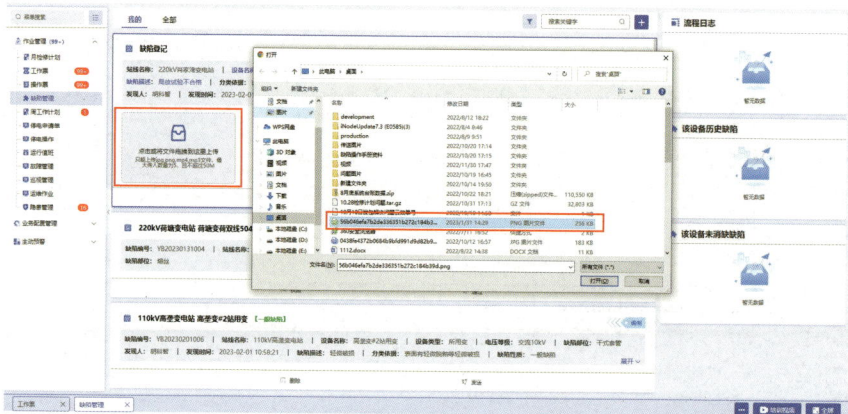

图 3-17　附件上传

图 3-18　发送班组审核

第五步　班组长点击"我的"tab 按钮，即可进入缺陷班组审核列表，选择一条缺陷点击"通过"，下方弹出审核意见，默认填充"同意"，可以进行编辑，审核意见填写完成之后发送至检修专责处审核，如图 3-19 和图 3-20 所示。

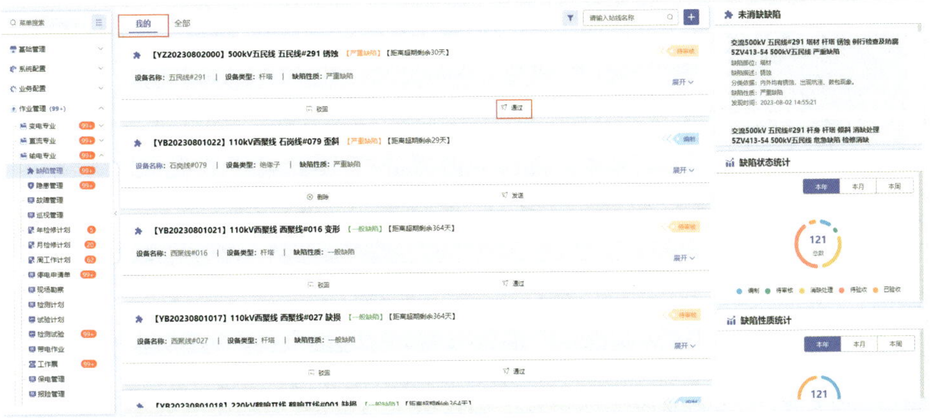

图 3-19　班组审核

图 3-20　发送检修专责

第六步　检修专责点击"我的"tab 按钮，选择一条缺陷点击"通过"，下方弹出审核意见，默认填充"同意"，可进行编辑，审核意见填写完成之后点击发送，推送至任务池，检修可将该条消缺任务添加至检修计划进行消缺处理，运维人员进行验收，完成闭环，如图 3-21 所示。

52

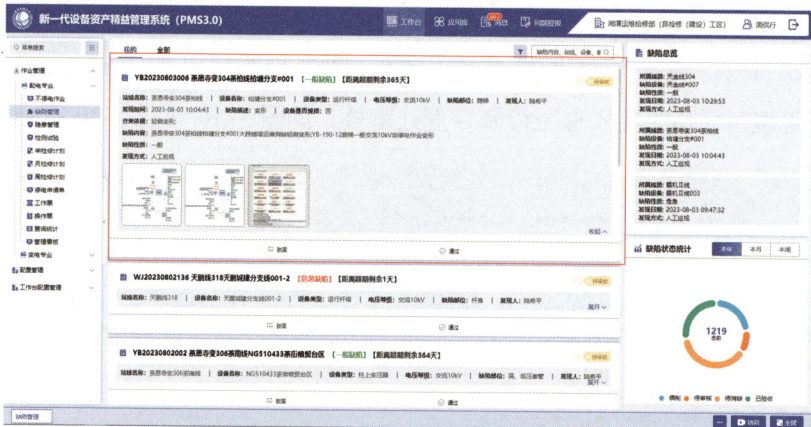

图 3-21　检修专责审核

第七步　待工作票终结状态，且工作终结时间不为空，对应的记录状态显示为"待终结"，对应的操作按钮为"工作终结"，待终结工作票展示内容：基本信息［票号、票类型、票状态（待终结）、二维码、工作负责人、计划工作时间、工作地点、工作任务］、待验收修试记录（默认已勾选，可取消勾选），当修试记录为已勾选验收状态时，会更新修试记录结果并回填至缺陷跟踪页面，对应的关联缺陷状态会变为已验收状态，由此实现该缺陷闭环，如图 3-22 所示。

图 3-22　工作票终结状态下修试记录验收界面

◇ 3. 如何新建工作票？

实现工作票线上编制、签发、接票、许可、终结、统计等功能，能全面支撑基层班组智能辅助开票、业务流程线上闭环管理和现场作业安全管控，如图 3-23、图 3-24 所示。

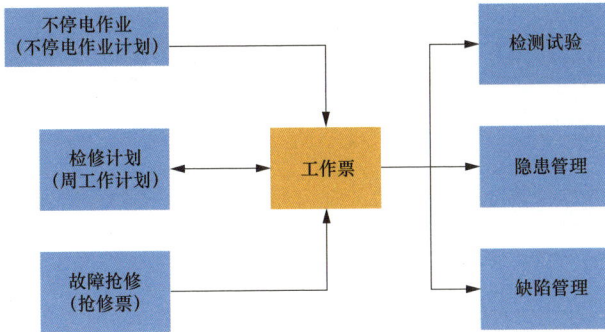

图 3-23　工作票业务流向

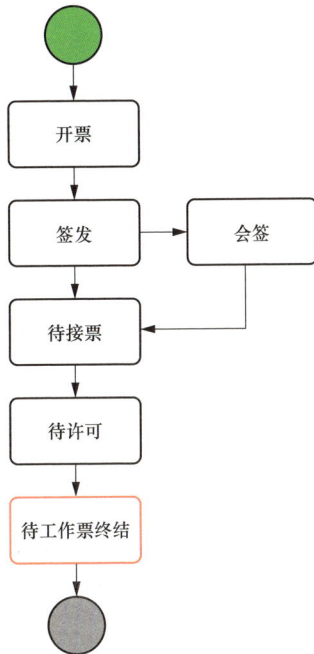

图 3-24　工作票业务流程

第一步　工作票由周检修计划生成，或者点击"+"选择地点及设备生成工作票，目前有二票、配电低压票，生成工作票后展示在对应工作班组成员账号下"我的"卡片区，如图 3-25 所示。

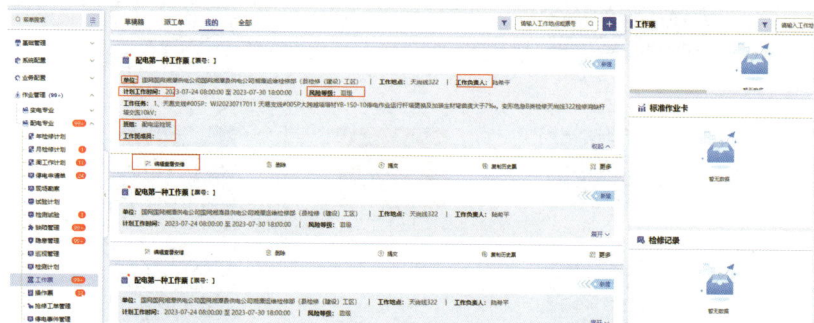

图 3-25　工作票开票

第二步　在工作票"我的"卡片找到"待签发"的工作票，点击"编辑查看安措"按钮，手动维护工作地点保留带电部位或注意事项。点击"签发"签发时间系统自动带入、签发人系统默认登录人（自动带入），如图 3-26 所示。

图 3-26　签发环节

第三步　在我的工作卡片区找到"待接票"状态的工作票，点击接票按钮，系统会自动带入接票时间、接票人，选择待许可点击"发送"到待许可环节，如图 3-27 所示。

图 3-27　选择待接票人员

　　第四步　在工作票"我的"找到待许可环节的工作票，点击"编辑查看安措"按钮，手动维护：补充工作地点保留带电部位和安全措施（第一种票），手动勾选安全措施（默认勾选），点击"许可"卡片区自动生成"工作负责人签名""工作许可人签名""许可开工时间"，点击右下角"发送"按钮到待终结环节，如图3-28 所示。

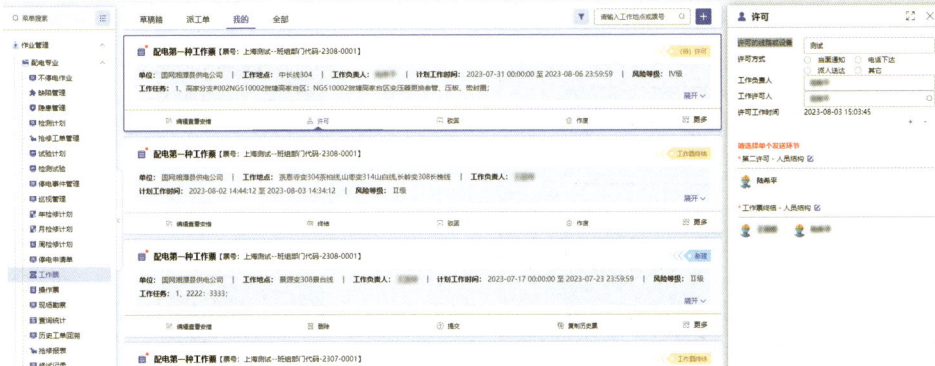

图 3-28　选择许可人员

　　第五步　当现场工作执行结束后，在"我的工作"找到工作票终结的工作票，点击"安全交底签名"维护工作班组人员签名，点击下方"终结"按钮，系统自动带入工作终结：工作终结时间、工作负责人、许可人签名、工作票终结。签名时间、工作许可人签名，右侧辅助区需要手工勾选已拆除按措信息，以及补充修试记录验收及编辑修试记录的结论等信息，如果需要延期，工作人员变更，可点击"更多"，进行"延期""人员变更"等操作。点击右下角"终结"按钮至完结环节，如图3-29 所示。

图 3-29　终结环节

◇ **4. 如何新增检测试验计划?**

检测试验主要包括检测配置、试验计划、检测计划、检测试验等功能,支撑桌面端试验报告登记、审核、归档,移动端的试验报告的登记、审核。实现检测试验从"信息繁杂"向"智能筛选"转变,为报告登记者减轻负担,支撑检测试验全过程管理,参见图 3-30、图 3-31 所示。

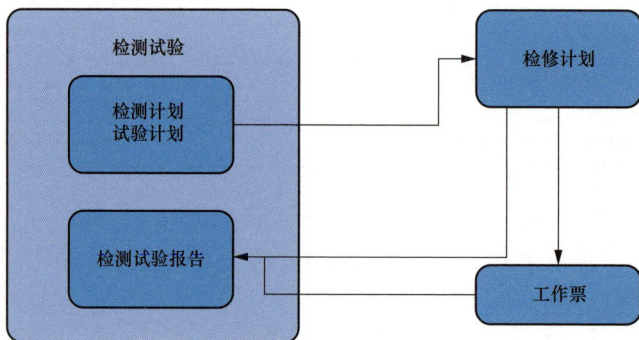

图 3-30 检测试验业务流向

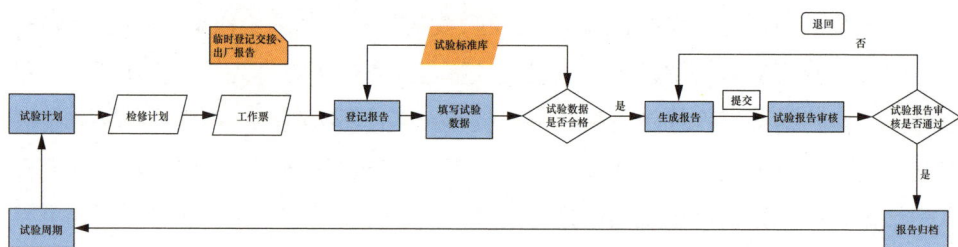

图 3-31 检测试验业务流程

第一步 检测配置。

(1)铭牌配置根据需要自行对不同设备类型进行试验铭牌的新增、修改、删除、定义内容等操作,如图 3-32 所示。

(2)根据配置的周期设置,可定期生成试验计划。提供停电试验标准周期查询功能,可在该页面查询、导出停电试验标准周期信息,如图 3-33 和图 3-34 所示。

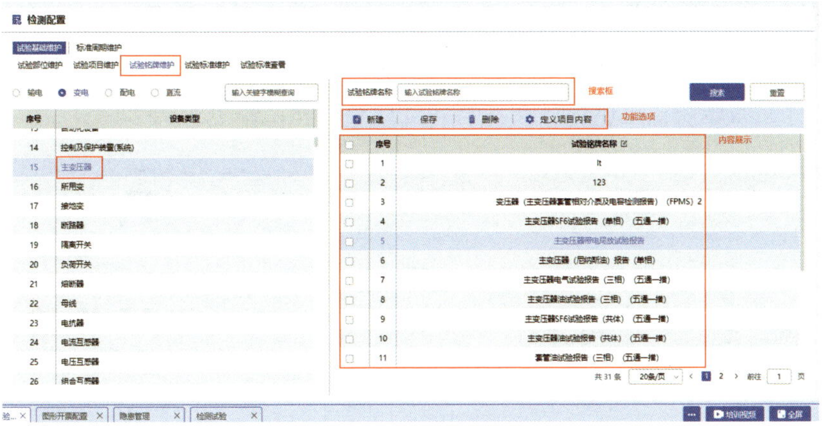

图 3-32　检测配置—铭牌维护

图 3-33　检测配置—试验周期配置

图 3-34　检测配置—试验周期配置新建

第二步　试验计划。

（1）配置好试验周期，点击"生成计划"按钮可进行生成本年计划，或生成下一年计划的操作。可做检修年计划和月计划来源，如图3-35所示。

图3-35　试验计划新增

（2）点击"发布"按钮，发布成功后作为年度检修计划、月检修计划制定的来源，即在检修年计划来源可选择试验计划，如图3-36所示。

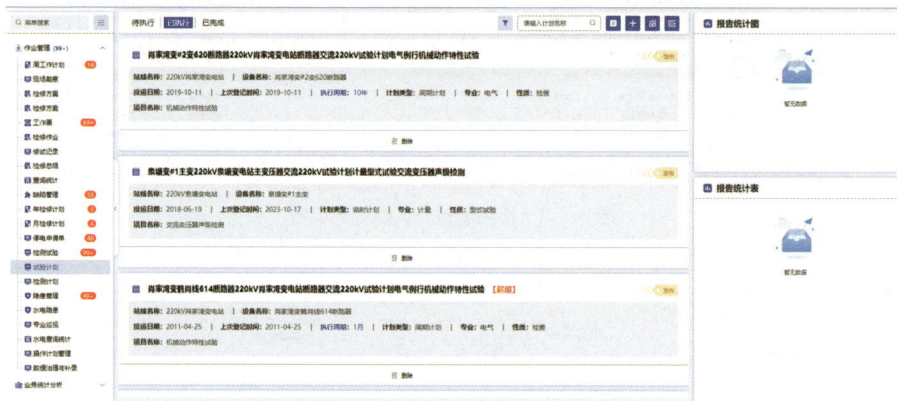

图3-36　试验计划发布

第三步　检测计划。

（1）配置好检测周期，点击"生成计划"按钮可生成本年计划、下一年计划，做为检修年计划和月计划来源，如图3-37所示。

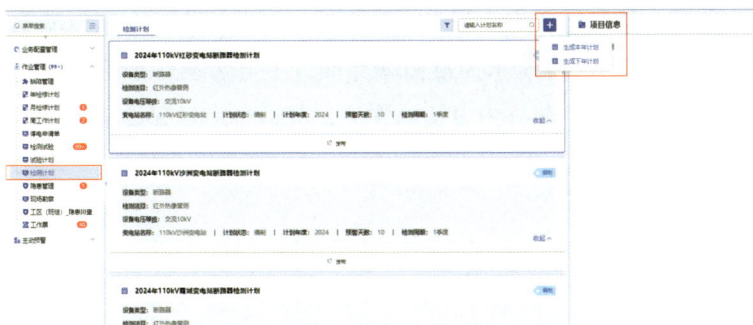

图 3-37　检测计划生成

（2）点击"发布"，发布成功后作为年度检修计划、月检修计划制定的来源，即在检修年计划来源可选择检测计划，如图 3-38 所示。

图 3-38　检测计划发布

第四步　报告登记。

（1）点击操作区检修计划下的报告登记按钮，将对该检修计划中的设备进行检测试验报告登记，如图 3-39 所示。

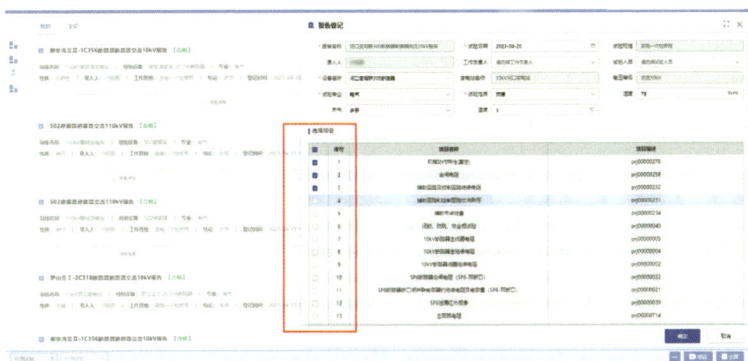

图 3-39　检测试验—报告登记

（2）完善基本信息后，进入报告填写页面。试验报告可在桌面端填写，也可在移动端填写。如图 3-40 所示为桌面端界面，上方为操作按钮，右侧为此报告中包含的试验项目。左侧部分为设备铭牌区，其运行信息和设备信息等字段可根据试验铭牌配置自动生成。

图 3-40　检测试验—报告登记"填写"

（3）试验应用人员填写完报告，提交给班组长进行审核。在"我的"中对这条报告进行流程查看。审核人登录试验检测审核界面展示的都是待审核的报告，可进行"退回""通过"等操作，审核不通过可重新处理之后再次提交审核，审核通过报告归档，如图 3-41 所示。

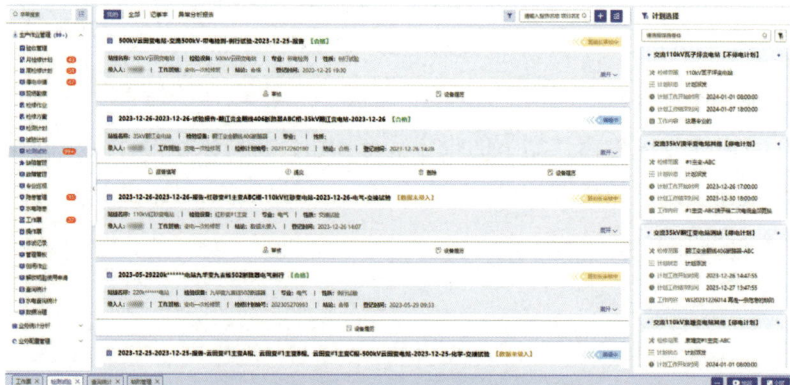

图 3-41　检测试验—审核操作

计划审核：生成检测试验计划成功后，需要审核，审核通过可作为检修计划来源。

报告登记：检修计划到工作票，工作票许可后，会在检测试验界面生成检修计划，在检修计划中报告登记。

报告审核：填写完成报告后，发给班组长 / 检修专责进行审核，审核不通过可重新处理之后再次审核。

◇ 5. 如何新增设备隐患？

隐患管理应用主要包括：隐患登记、隐患审核、隐患治理、隐患排查及隐患月报功能，涵盖桌面端和移动端，实现隐患排查、隐患登记、隐患审核、隐患治理，关联信息配置化展示，支撑从隐患排查、巡视隐患登记、登记隐患、消除处理、验收销号的全过程管理，参见图 3-42、图 3-43。

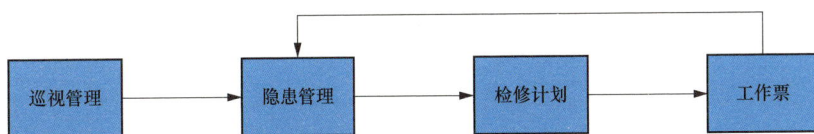

图 3-42　隐患管理业务流向

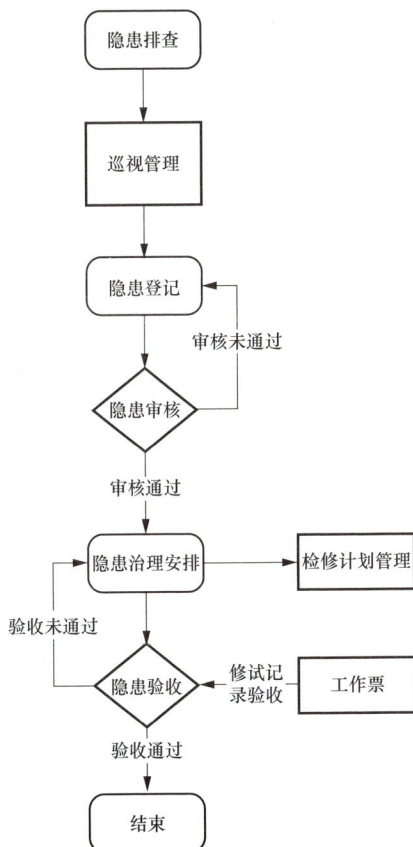

图 3-43　隐患管理业务流程

第一步　点击页面右上角"+"顶部弹出隐患登记卡片，设备、隐患标准为必填项，文件上传可按需进行。如图 3-44 所示。

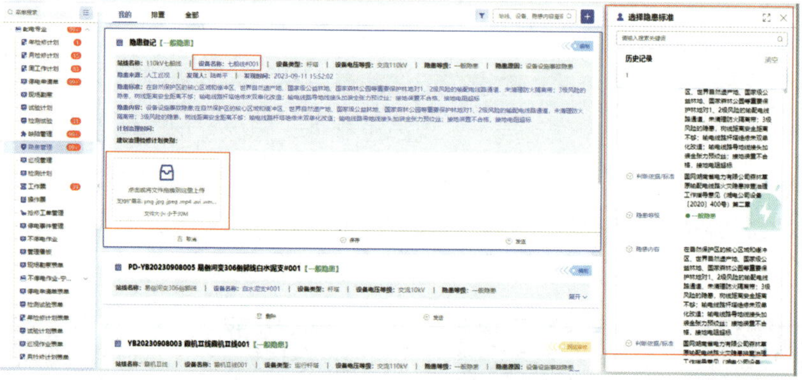

图 3-44　隐患登记"隐患登记页面"

第二步　工区 / 县专责点击"我的"tab 按钮，即可进入隐患审核列表，如图 3-45 所示。

图 3-45　工区 / 县专责审核"隐患审核主界面"

隐患审核包括：

（1）工区专责对接收到的待审核的隐患进行审核并发送至下一流程，如审核不通过可进行退回操作，隐患将退回至编制状态。

（2）工区主任对本工区专责提交的隐患数据进行审核，审核通过发送下一流程，如审核不通过可进行退回操作，隐患将退回至编制状态。

（3）市运检部专责对工区主任提交的隐患数据进行审核，如果为一般隐患，审核通过后，可直接发布；如果隐患等级为较大隐患或重大隐患，审核通过后，流转到省设备部专责再次进行审核，如审核不通过，可进行退回操作，隐患将退回至编制状态。

（4）省设备部专责对较大、重大隐患进行审核，较大隐患审核通过后发布；重大隐患审核通过后，发送至总部审核；如果审核不通过，可进行退回操作，隐患将退回至编制状态。

（5）总部对重大隐患进行审核，审核通过后发布，审核不通过可进行退回，隐患退回至省公司审核。

◇ 6. 如何新增配网抢修工单？

配网抢修主要包括：桌面端抢修工单生成、抢修工单派发，移动端抢修工单处理，桌面端抢修工单审核、归档。以工单为载体，移动应用覆盖中低压抢修作业全过程，数据信息贯穿抢修业务全角色，实现指挥、作业、管理、用户等对抢修过程的状态感知和智慧互动，全面支撑抢修作业的全过程透明化管控，参见图3-46、图3-47。

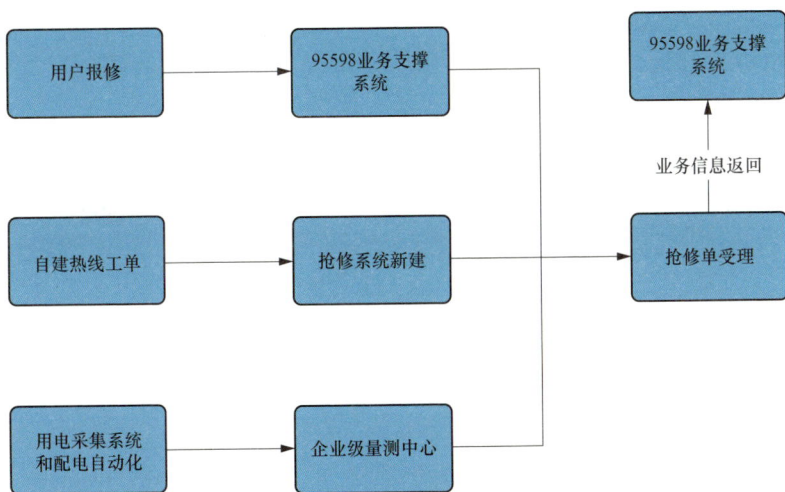

图 3-46　配网抢修业务流向

图 3-47　配网抢修业务流程

第一步　点击"+"，登记新的热线工单，选择紧急程度、处理现场分类、联系电话、故障地址、故障描述。点击"确认"按钮，热线工单创建成功；点击"取消"按钮，热线工单创建失败，如图3-48所示。

图 3-48　新建热线工单

　　第二步　点击"工单派发"按钮，右侧辅助区选择抢修队伍，点击"确定"按钮，将抢修工单派发至对应的抢修队，如图 3-49 所示。

图 3-49　工单派发

　　第三步　点击"转派"按钮，点击"转派单位选择"后面的编辑图标，展示转派组织树，选择转派单位，点击"确定"按钮，工单转派到对应的供电单位 / 供电所，如图 3-50 所示。

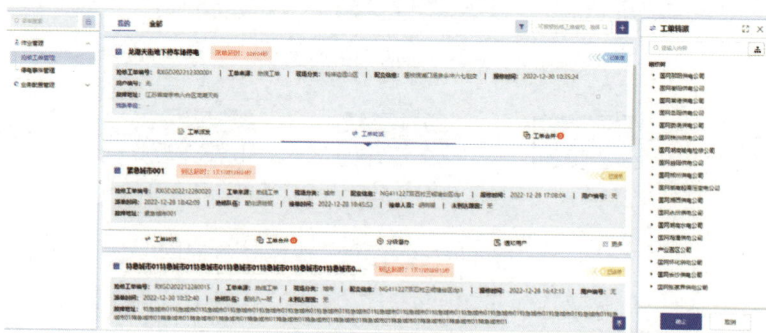

图 3-50　工单转派

第四步　点击"回单审核"按钮，点击"审核通过"按钮，工单审核通过，回单给 95598 业务支撑系统，同时将抢修工单归档。若审核不通过，选择不通过原因，点击"审核不通过"工单退回至处理状态，展示在处理列表中，如图 3-51 所示。

图 3-51　回单审核

◇ 7. 如何新增巡视计划?

巡视应用主要包括：巡视配置、巡视管理功能，涵盖桌面端、移动端。实现巡视周期配置、巡视计划生成、巡视任务执行、关联任务执行、关联信息配置化展示等，支撑巡视业务全过程线上运转。如图 3-52 和图 3-53 所示。

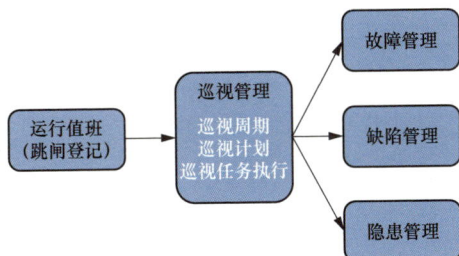

图 3-52　巡视管理业务流向

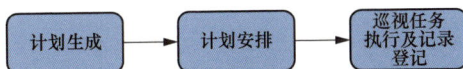

图 3-53　巡视管理业务流程

巡视计划按照巡视周期配置，实现巡视周期计划的生成（全面巡视、例行巡视、熄灯巡视），支撑班组成员接收巡视任务并开展巡视工作，并支持特殊巡视任务的新增。主界面如图3-54所示。

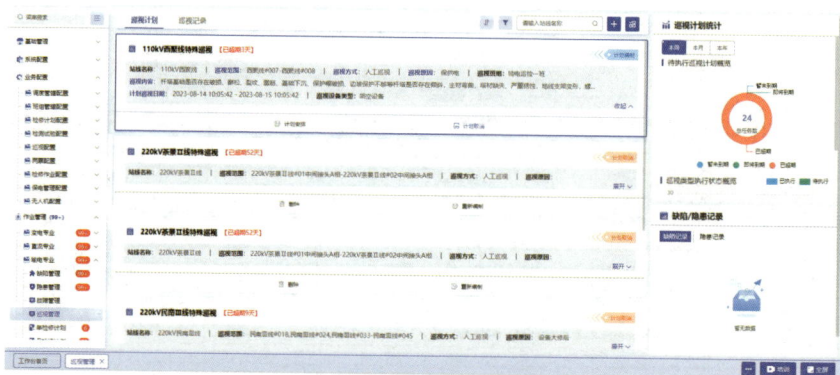

图 3-54　巡视计划"主界面"

第一步　支持手工创建特殊巡视计划，点击右上角"+"新增，点击"巡视范围"，右侧界面展示出当前用户所在班组的电站、间隔信息，支持模糊匹配选择。由所选电站或间隔信息自动带出，不可编辑。同时将所选电站或间隔设备带入巡视范围，如图3-55所示，间隔支持选多个设备。

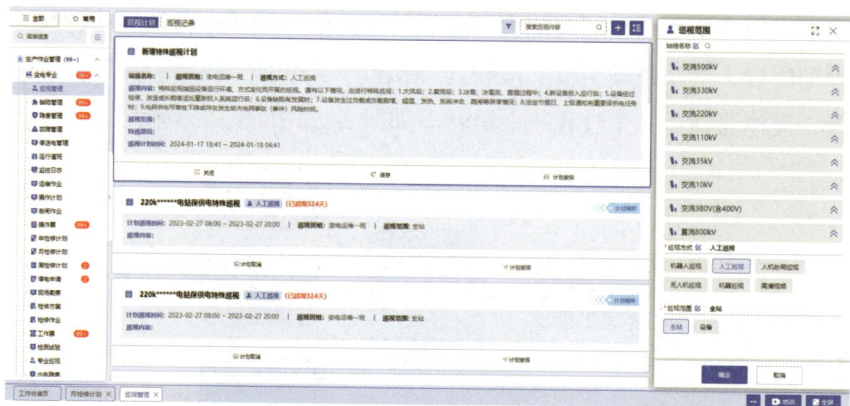

图 3-55　特巡新增编辑界面

第二步　点击"计划安排"按钮，选择巡视人员，右侧点选当前支持关联的运维工作。安排成功后，任务状态更改为"巡视执行"，巡视人员登录系统在巡视记录中可查看对应的巡视任务信息，如图3-56所示。

图 3-56　计划安排

◇ 8. 如何新增值班信息？

运行值班应用主要包含值班配置功能、运行值班功能、运维记录登记功能、停电操作功能。其中，值班配置功能包含值班班次配置，交接班小结配置，值班岗位及安全天数配置，值班记录类型配置，运行记录格式配置，标准运行方式维护等。运行值班功能包含展示当值班组值班日志，生成交接班小结，值班人员换班，交接班，值班工作等功能；运维记录登记功能包含跳闸信息记录，接地线（隔离开关）装设（合上）记录，接地线（隔离开关）拆除（拉开）记录等，支撑运维作业开展；停电操作功能包含手动接受预令，接受 IMD 调度预令，接受 IMD 调度正令，获取与周停电计划相关的工作票、调度令、操作票等业务数据。运行值班业务流向如图 3-57 所示。

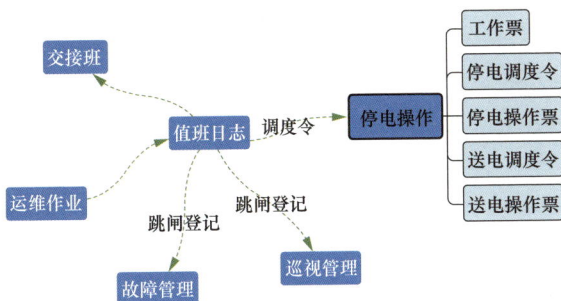

图 3-57　运行值班业务流向

提供变电站值班表配置功能，包括常白班人员配置、值班部门名称、值班顺序、班次、是否作废、值班长、副值班长、值班人等。提供"交接班方式"配置

68

功能，可选择"**按班组交接或按站交接**"，如图 3-58 和图 3-59 所示。

图 3-58　班次配置—按班组交接

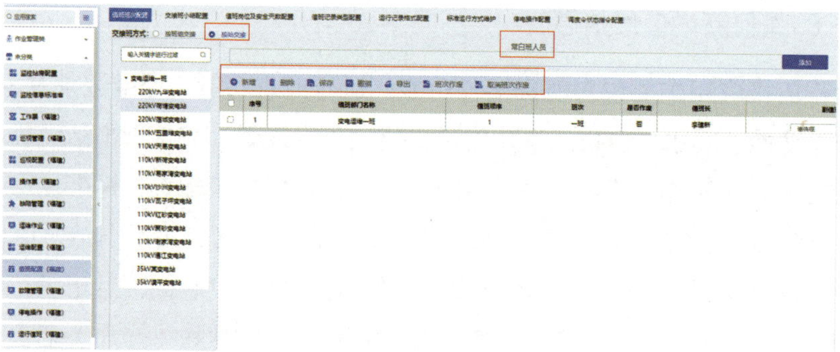

图 3-59　班次配置—按站交接

　　展示当前班次值班日志信息，并分类排序；可查看当前班次、上一班次、下一班次值班人员信息及值班日志。提供交接班维护功能并生成交接班小结。点击"+"新增临时维护工作记录，如图 3-60 所示。

图 3-60　值班日志

获取与周停电计划相关的工作票、调度令、操作票等业务数据，变电运维班员进行跟踪处理。

主页区初始化展示右侧辅助区第一条周停电计划与其相关的工作票、停电调度令、停电操作票、送电调度令、送电操作票业务卡片信息。

辅助区上方初始化展示当前登录人所属运维班组运维的变电站相关已发布的周停电计划，中间展示当前选中的停电计划，与其相关的所有工作票、停 / 送电调度令、停 / 送电操作票的当前状态，下方展示调控云调度令信息，如图 3-61所示。

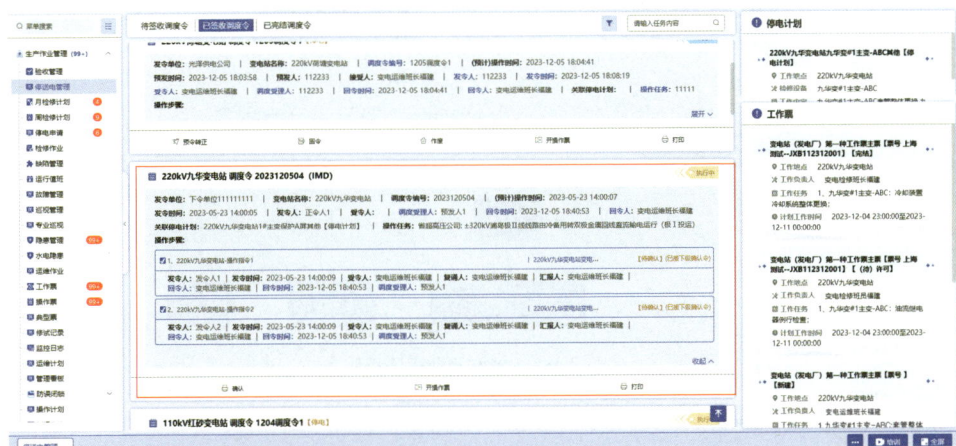

图 3-61 停电操作

◇ **9. 如何新增操作票？**

操作票应用主要包括操作票开票，操作票审核，操作票执行，操作票归档等功能，涵盖桌面端、移动端，实现操作票线上流转，支撑基层班组智能辅助开票、业务流程线上闭环管理和现场作业安全管控。操作票业务流向如图 3-62 所示，操作票业务流程如图 3-63 所示。

图 3-62 操作票业务流向

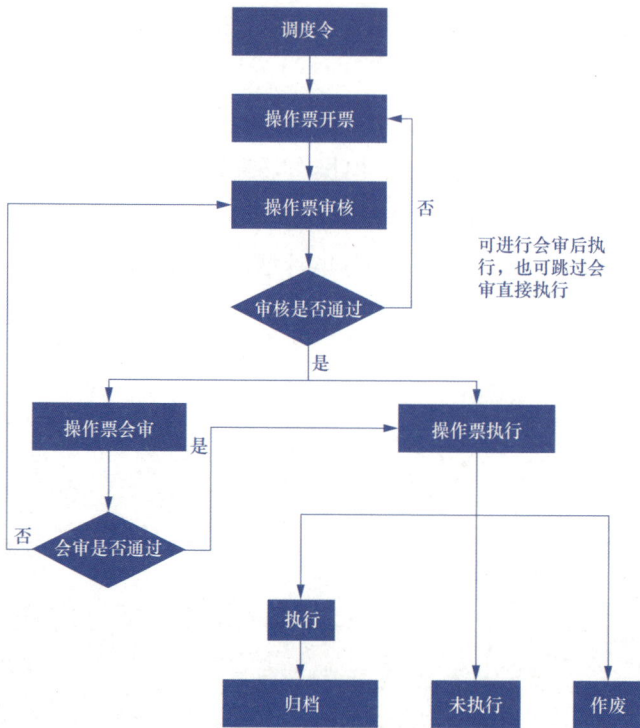

图 3-63　操作票业务流程

第一步　操作票开票。

操作票开票分为调度令开票和直接开票，调度令开票可在运行值班开具调度令，填写预发人，预发时间，预计操作时间，选择设备，设备运行状态后生成调度令，由调度信息生成操作票，也可在操作票主界面选择变电站，关联调度令开具操作票。

（1）调度令开票：点击右上角"+"号，选择停电调度令或者送电调度令，主页区展示点击"接令"按钮。点击"设备选择"，在右侧辅助区弹出设备供选择。辅助区展示设备逻辑：获取当前登录人所属班组维护的全量变电站对应的设备。模糊搜索可以选到该变电站下所有设备，设备支持多选。设备与状态选择后，生成操作步骤，如图 3-64 所示。

图 3-64　手动接受预令

点击"确定"后，保存该条调度令，调度令状态为"未受令"。系统根据调度令操作步骤自动开具操作票，此时操作票发令人、接令人、接令时间不会带入且不能手动添加，生成操作票同步在操作票模块主页区展示。调度令生成操作票如图 3-65 所示。

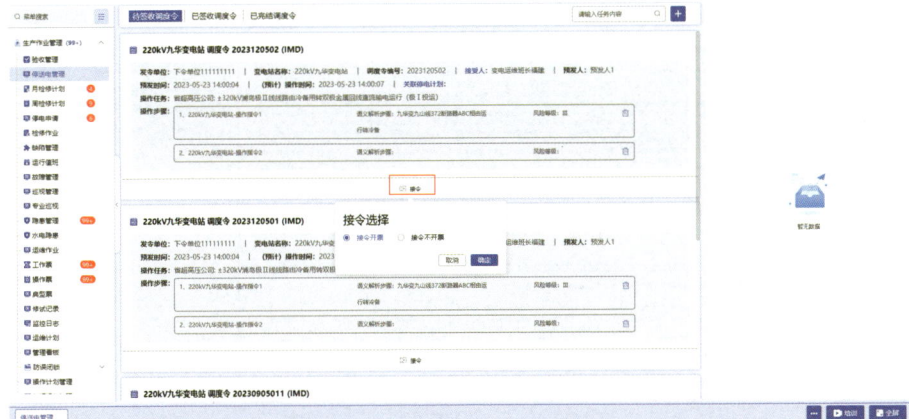

图 3-65　调度令生成操作票

（2）直接开票：有已分配操作票开票权限的人员登录后，点击"作业管理"，点击操作票菜单进入操作票主界面，在"我的"点击右上角"+"进行操作票开票，右侧弹出选择设备模块，可进行搜索或者通过设备树进行选择设备操作，如图 3-66 所示。

图 3-66　操作票开票

第二步　操作票审核。在"我的"下方找到需要审核的操作票，在卡片界面对票面信息进行审核后，点击"审核"按钮获取执行环节及执行人员，右侧展示人员树，选择执行人员后，点击"发送"按钮发送流程至执行阶段，如图 3-67 所示。

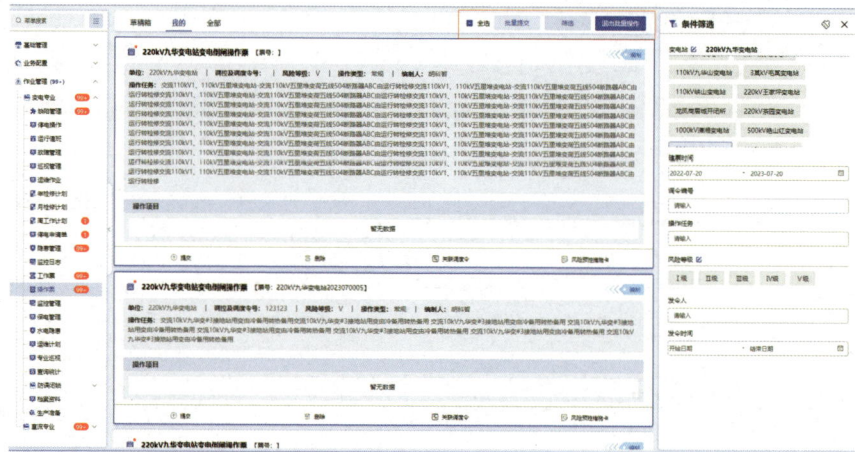

图 3-67　操作票审核

第三步　操作票会审。在"我的"下方找到需要会审的操作票，在卡片界面对票面信息进行会审后，点击"审核"按钮获取执行环节及执行人员，右侧展示人员树，选择执行人员后，点击"发送"按钮发送流程至执行阶段，如图 3-68 所示。

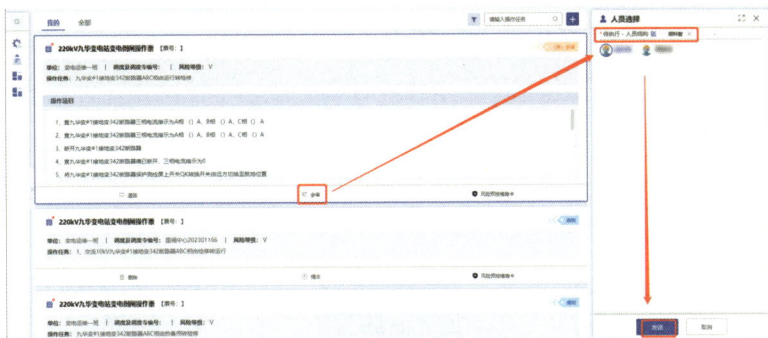

图 3-68　操作票会审

第四步　操作票执行。在"我的"下方找到需要执行的操作票，选择"执行"按钮对操作票进行执行，如图 3-69 所示。

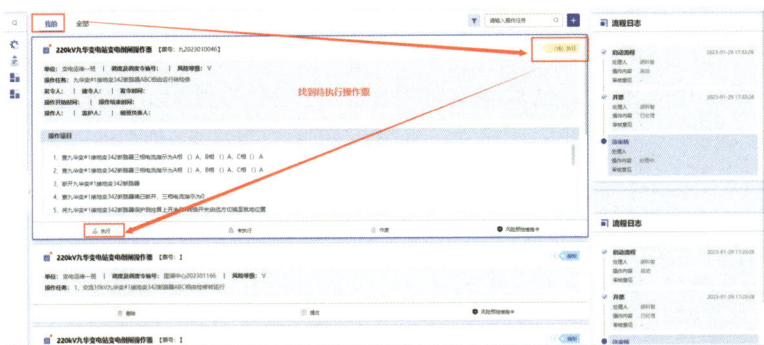

图 3-69　操作票执行

第五步　操作票归档。在"我的"或"全部"按钮，即可在下方看到当前用户所在组织管辖下的电站／工作地点的归档状态操作票，如图 3-70 所示。

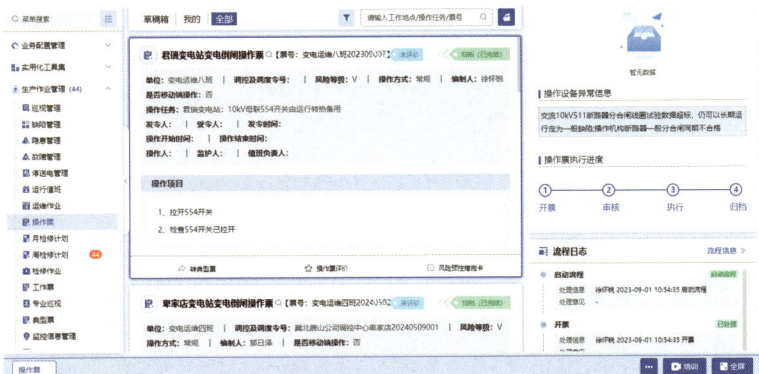

图 3-70　操作票归档

◇ 10. 如何新增不停电作业计划?

不停电作业应用主要包括不停电作业计划生成、不停电作业计划审核、不停电作业计划派发功能,目前在桌面端流转,实现计划生成、计划审核、计划派发,关联信息配置化展示,支撑不停电业务全过程线上运转。不停电作业业务流向与流程如图 3-71、图 3-72 所示。

图 3-71　不停电作业业务流向

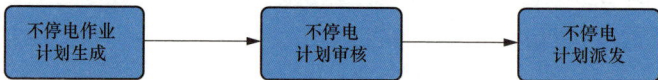

图 3-72　不停电作业业务流程

第一步　计划生成。登录 pms3.0 配电不停电作业账号,显示不停电作业首页,包括"我的"和"全部"tab 页签;不停电计划为周计划,点击"发送至不停电"按钮推送到不停电,如图 3-73 所示。

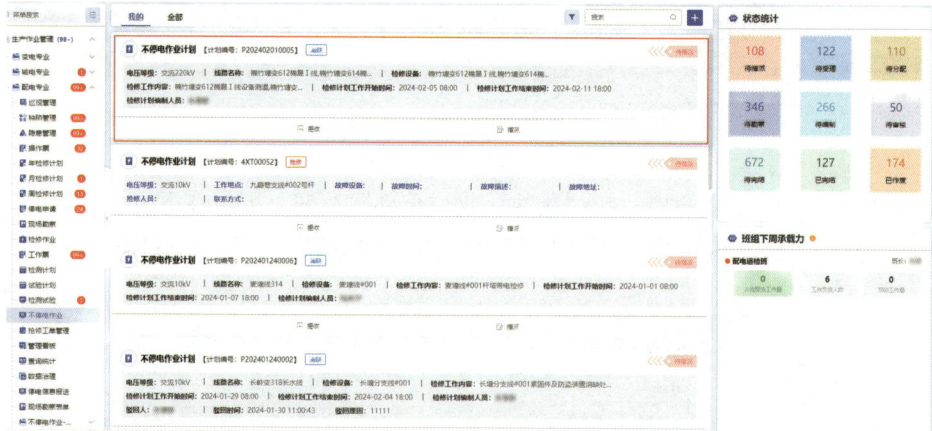

图 3-73　计划生成首页

确认检修接入计划是否具备不停电作业条件,选择工作地点,根据不停电作业种类标准库选择作业种类(四大类 33 种小类)。根据作业种类继承作业序号、作业类型、作业方式、作业方法、工作内容、风险等级、停电范围、应采取的安全措施等信息。可点击中间"添加工作"按钮新增多条作业信息,如图 3-74 所示。

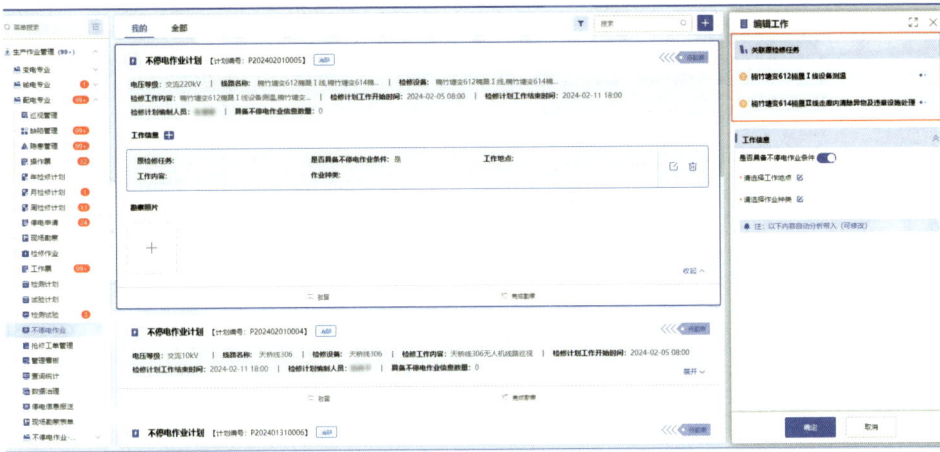

图 3-74　添加工作

点击选择工作地点，右侧弹出设备选择，通过模糊搜索出对应的工作地点后，点击确定。如图 3-75 所示。

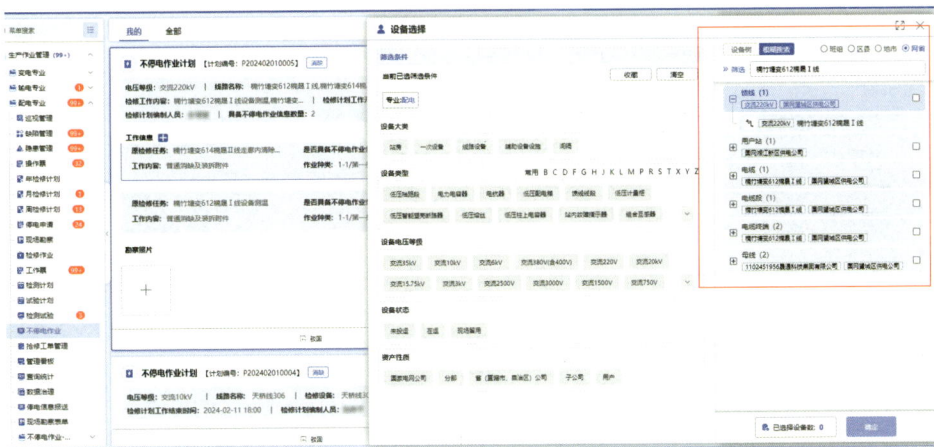

图 3-75　具备不停电作业条件选择设备

点击选择作业种类，右侧弹出作业种类选择卡片，点击选择相应的作业种类，选择完成后点击确定，完成添加工作。如图 3-76 所示。

76

图 3-76　选择作业种类

　　点击选择工作班组，计划作业日期，点击确定按钮即可将该条不停电作业添加的工作保存，点击"提交"按钮至待审核阶段，如图 3-77 所示。

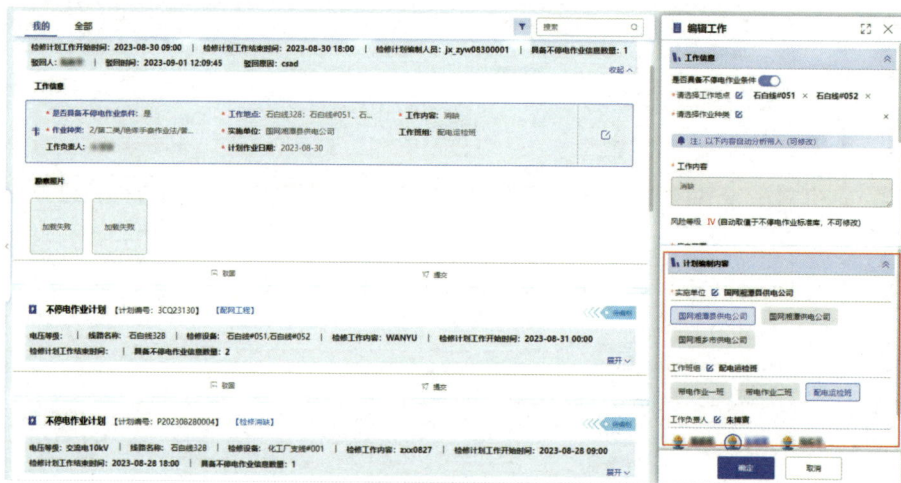

图 3-77　计划提交填写班组作业日期

　　第二步　计划审核。点击"我的"tab 页查看待审核的不停电作业计划，如图 3-78 所示。

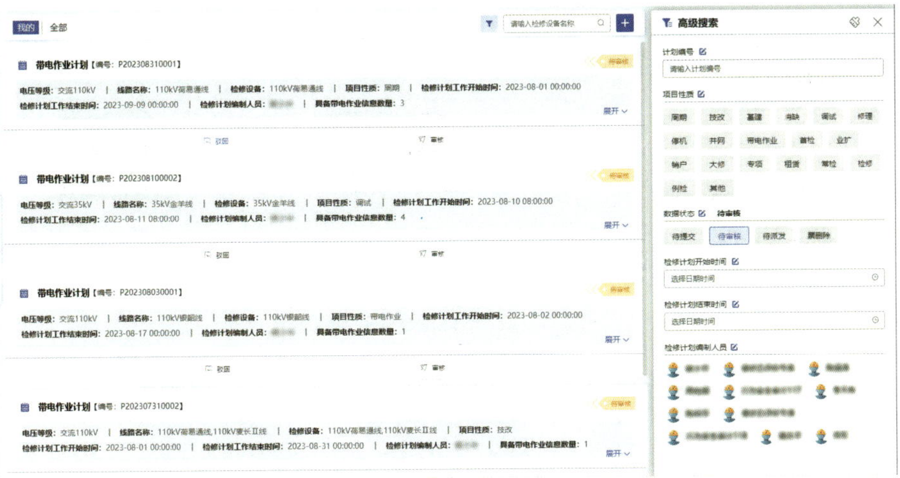

图 3-78　计划审核

第三步　计划派发。点击我的 tab 页，可查看待派发的不停电作业计划，如图 3-79 所示。

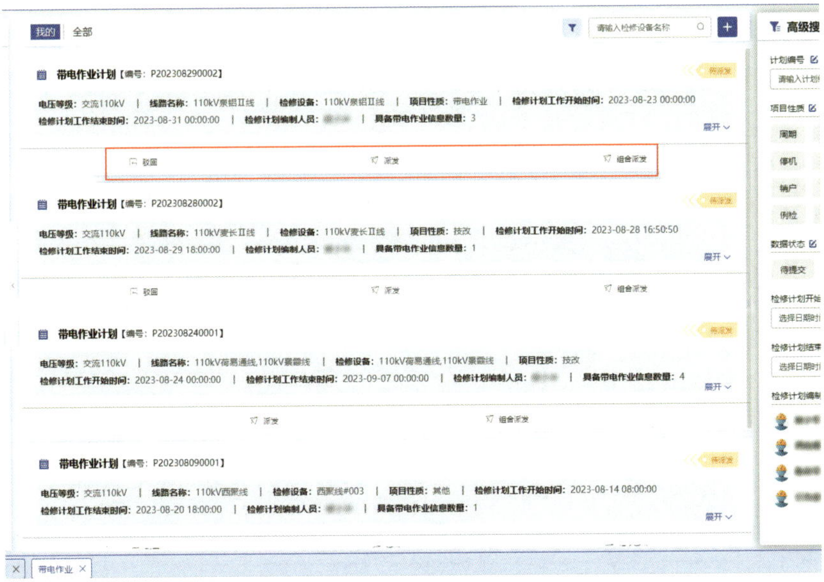

图 3-79　计划派发

◇ 11. 如何新增设备故障信息？

故障管理应用主要包括：登记、关联跳闸信息、转抢修功能，涵盖桌面端、移动端，参见图 3-80、图 3-81。

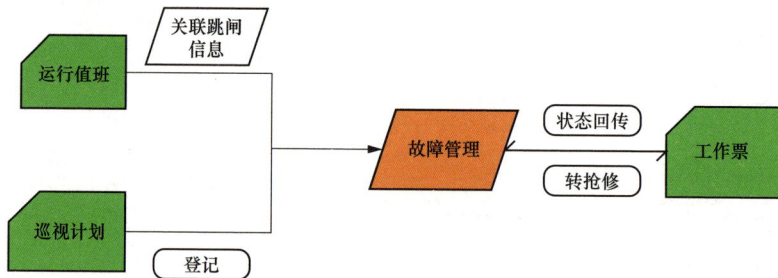

图 3-80　故障管理业务流向

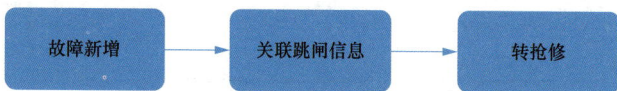

图 3-81　故障管理业务流程

第一步　故障新增。点击故障管理模块中右上角"+"号，首先在中间的主数据区将添加一个空值的故障登记卡片，故障登记卡片需要登记故障设备及故障描述，同时可选择上传附件。

选择故障设备：点击登记按钮后，右侧辅助区调用设备查询组件选择设备（可选设备范围为当前登录人所属地市、所属运维单位管辖到的设备、容器），如图 3-82 所示。

图 3-82　故障管理新增页面

选择故障描述：选择故障设备后，右侧辅助区自动切换故障的设备类型对应的故障描述，点击其中一条选择或通过关键字搜索，卡片中的故障类型、故障类别、故障部件、故障原因赋值到"故障信息"卡片进行展示，如图 3-83 所示。

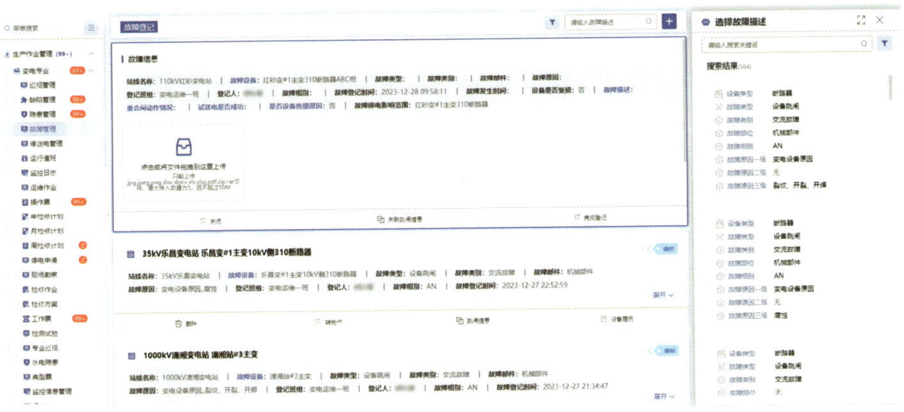

图 3-83　选择故障描述

第二步　关联跳闸信息。选择完故障设备及故障描述后，右侧会弹出跳闸记录。点击选中即为关联跳闸记录，如图 3-84 所示。

图 3-84　关联跳闸信息

注意：该条记录仅在编制状态下才可以进行修改跳闸信息。

第三步　转抢修。点击"转抢修"按钮，弹出推送成功提示，即生成事故应急抢修票。故障转抢修后，故障记录状态变更为"待处理"，此时仅可关联查看跳闸信息，无法删除。

转抢修后，该条记录状态变为待处理状态，待抢修完结时，回传抢修完成状态，修改故障状态为"已处理"，如图 3-85 所示。

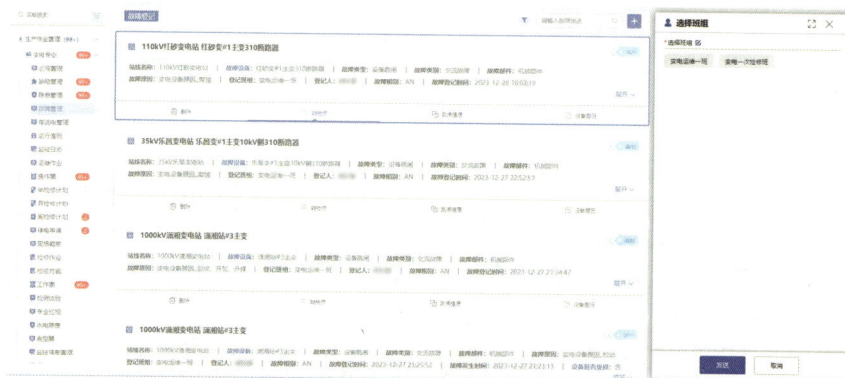

图 3-85　推送至工作票

第 2 节　新一代设备资产
精益管理系统（PMS3.0）常见问题

◇ 1. 年度检修跨线路输配建计划支持几条线路？

最多支持 5 条线路，首先基于前面环节，针对一条线路创建计划，在此基础上选中当前计划，在右侧辅助区添加新的线路下的设备，如图 3-86 所示。

图 3-86　跨线路新建计划

◇ 2. 年度检修计划上报选择工作负责人资质校验是如何实现的？

增加了"工作负责人是否校验资质"和"工作负责人是否强校验资质"。若开启参数"工作负责人是否校验资质"，则选择工作负责人时，通过人员名称调用工作票三种人查询接口；若未查询到，则提示"该人员不具备安监准入资质，请选择其他人员作为工作负责人！"人员信息正常写入已选人员。若开启参数"工作负责人是否强校验资质"，不写入已选人员信息。

涉及范围：周工作计划编制页指定工作负责人，周工作计划发布页新建工作票，停电申请单发布页新建工作票。

◇ 3. 如何使用"发送调度安全措施区域"？

若该停电设备为发送调度设备，则自动在"发送调度安全措施"区域进行展示，可以通过设备名称模糊搜索停电设备。点击辅助区"确定"按钮，在确定后，在"发送调度安全措施"区域展示所选信息。点击一条安全措施，右侧辅助区弹出术语修改页面可进行修改。点击停电范围修改页面"确定"按钮，校验至少有一个安全措施，若校验不通过，则提示"发送调度安全措施不能为空，请添加安全措施"。如图 3-87 所示。

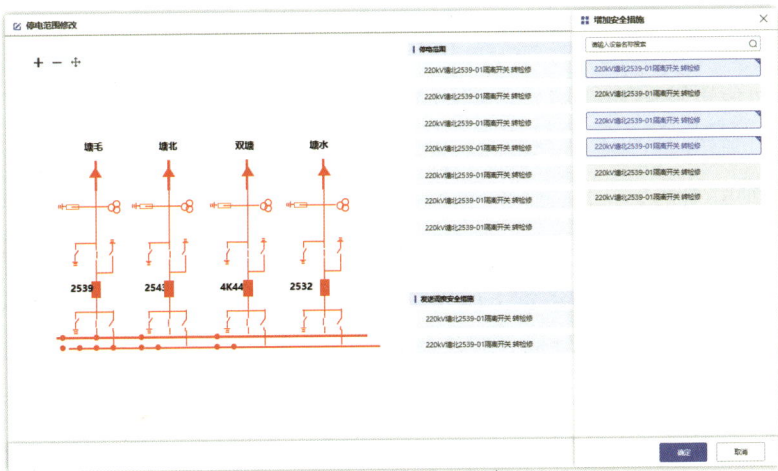

图 3-87　发送调度安全措施

◇ 4. 怎样使用"工作负责人逻辑判断"？

当编制周计划时，若"是否委外"字段为"是"且 NACOS 配置中是否启用线上工作票为"否"时，点击"工作负责人"字段，会分为"主业人员"和"委外人员"页签，其中"主业人员"展示 ISC 组织机构及人员，"委外人员"从风控获取，选择委外人员为工作负责人时需要校验是否具备安监工作负责人资质，没有资质不允许作为工作负责人，系统提示"所选人员无工作负责人资质，请重新选择"，如图 3-88 所示。

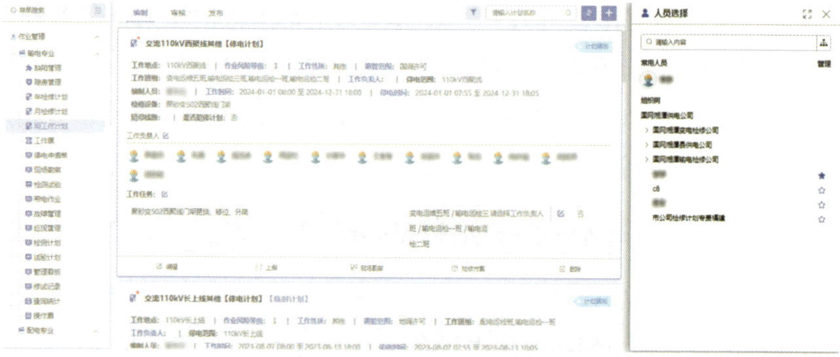

图 3-88　工作负责人

◇ 5. 变直检修计划新增了什么功能？

变直检修计划新增"追加设备功能"：若编制计划为停电计划，在右侧"+"按钮中，可通过 NACOS 配置项控制按钮是否展示，点击按钮可弹出设备选择页面添加停电检修设备，可多选；若为不停电计划，无需判断 NACOS 配置项。

◇ 6. 危急缺陷审核后，若选择不转抢修且是否停电为"否"，"是否生成停电申请单"的配置项为"否"，则生成什么计划？

危急缺陷审核后，若选择不转抢修且是否停电为"否"，"是否生成停电申请单"的配置项为"否"，则生成编制状态的不停电临时检修计划。若选择不转抢修且是否停电为"是"，"是否生成停电申请单"的配置项为"否"，则只生成一条编制状态临时停电计划；若选择不转抢修且是否停电为"是"，"是否生成停电申请单"的配置项为"是"，则生成一条编制状态停电申请单和发布状态的临时停电计划，如图 3-89 所示。

图 3-89　危急缺陷

◇ 7. "工作任务来源类型"是什么?

检修计划可关联已发布的专业巡视的检修工作任务来新建计划，当计划工作票流程结束，修试记录验收时，更新计划的状态，当修试记录验收通过时推送专业巡视记录直接归档，修试记录验收不通过时专业巡视记录不归档。

◇ 8. 什么是"发送调度安全措施区域"?

若停电设备为发送调度设备，则自动在"发送调度安全措施"区域进行展示，可通过设备名称模糊搜索停电设备，点击辅助区"确定"按钮，在确定后再"发送调度安全措施"区域展示所选信息，点击一条安全措施，右侧辅助区弹出术语修改页面可进行修改。点击停电范围修改页面"确定"按钮，会校验至少有一个安全措施，若校验不通过则提示"发送调度安全措施不能为空，请添加安全措施！"

◇ 9. 周工作计划可上传附件吗?

可以，可上传 100M 的文件。

◇ 10. 变配专业检修计划停电范围描述错误怎么办?

变配专业检修计划增加停电范围描述修改功能：变配检修计划详情界面点击停电范围可手动编写停电范围，如图 3-90 所示。

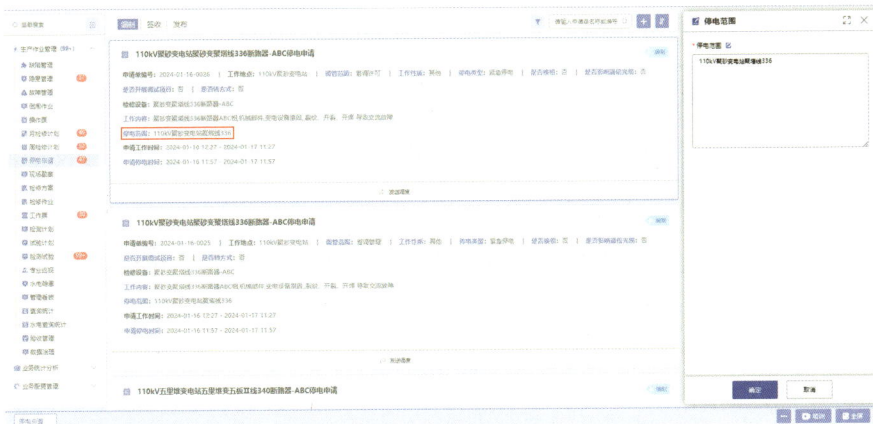

图 3-90　停电范围

83

◇ **11. 如何使用陪停计划（输配专业）功能？**

当前系统陪停计划已实现跨线路和同杆架设，在右侧辅助区陪停线路区域，右上角点击"+"号，弹出浮动单项下拉选择框，可选择陪停任务类型（01 跨线路、04 同杆架设、05 平行线路），选择一种陪停任务类型后弹出线路选择窗体，可模糊搜索用户所在单位下辖线路，在搜索结果中选择一条或多条线路，点击"确定"，将所选择线路添加到陪停线路区域列表中，标识为"未生成陪停计划"。

在陪停线路区域列表中，选择一条或多条未生成陪停计划的线路，调用"根据检修计划分析陪停线路"，将所选择线路 ID 跟出参中的容器 ID 比对，若两者相同且"是否生成陪停计划"为"是"，则所选线路已生成陪停计划，不可选择，如图 3-91 所示。

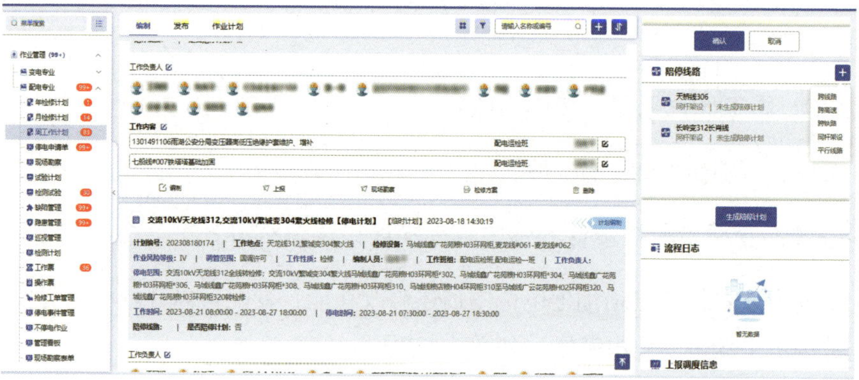

图 3-91 生成陪停计划

◇ **12. 在新建、修改检修区域选择设备时，如何操作 PMS3.0？**

直流检修区域配置中增加了选择关联线路功能。在新建、修改检修区域选择设备时，可选择换流站关联的线路。

"关联线路"切换至关联线路页面可新增或删除相关联的线路。点击"+"按钮，右侧弹出线路搜索选择页面，根据换流站 ID 进行关联线路查询，换流站 ID 分别作为起始站房 ID 和终止站房 ID，查询设备类型为 XL 和 ZLXL 的输电线路信息，并将查询结果全部展示在当前页面中。可进行线路名称搜索，可多选线路，选择线路后展示在关联线路页面中，按照选择顺序排序。点击"取消"按钮，关闭选择页面，点击"确定"按钮，返回关联线路页面，展示已选线路名称，可对已选线路进行删除，如图 3-92 所示。

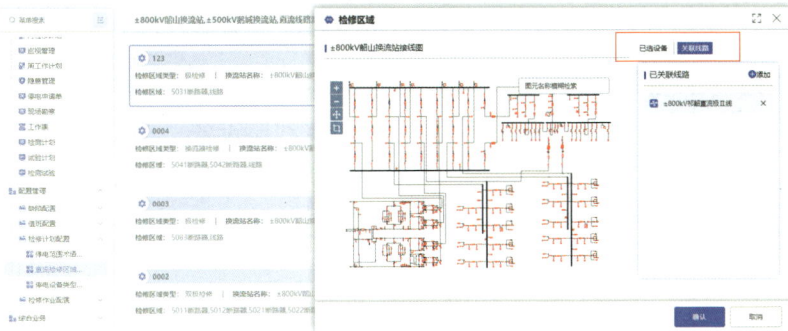

图 3-92　关联线路

◇ 13. 如何操作危急缺陷处理流程？

危急缺陷处理用户需要选择是否转抢修，若转抢修则生成事故紧急抢修单进行消缺处理工作；若无需转抢修，则选择是否停电处理。若停电则生成停电申请单同时生成编制状态临时停电计划；若不停电则生成编制状态的临时不停电计划。

◇ 14. 隐患管理审核中市运检部专责审核注意事项是什么？

若该隐患是一般隐患，则自动将隐患发布，发布后的隐患为隐患治理状态。后续隐患排入检修计划进行处理。若该隐患是较大或重大隐患，则还需要提交到省设备部专责进行审核。

◇ 15. 检测试验名称配置操作时需注意什么？

若配置项选择项目名称，则在生成名称时，最多只获取计划或报告所关联的三个项目名称，超出部分则在后拼接"等"字；只有停用的卡片可以维护配置类型，如图 3-93 所示。

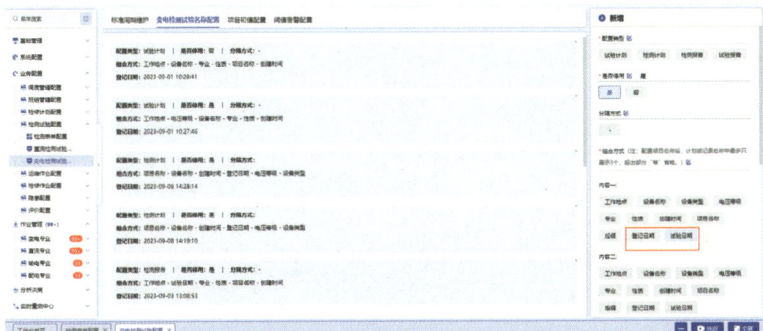

图 3-93　变电检测试验铭牌配置

◇ 16. 输电巡视网格化配置有几种新增选择设备的方式?

(1)通过在地图进行长方形框选,选择设备。

(2)通过在班组管辖线路区域点击选择整条线路设备,或者使用搜索框查询所需要的线路。

(3)通过在地图点击杆塔进行选择或取消设备选择。

◇ 17.“预令转正”功能操作时应注意什么?

对于已关联停电计划的送电调度令,进行预令转正时需要判断相关的工作票是否有“工作终结时间”。若没有“工作终结时间”,则不允许进行送电调度令的预令转正,点击“预令转正”按钮,弹出提示框“相关的工作票未完工,不允许进行预令转正!”;已生成“工作终结时间”的,则允许进行送电调度令进行预令转正,如图 3-94 所示。

图 3-94 送电调度令转正提示

第 4 章

电网资源管理微应用（同源维护）

◇ 1. 如何新建单线图？

操作步骤

第一步　选择变电站，右键选择新建馈线菜单，打开新建馈线界面，如图4-1 所示。

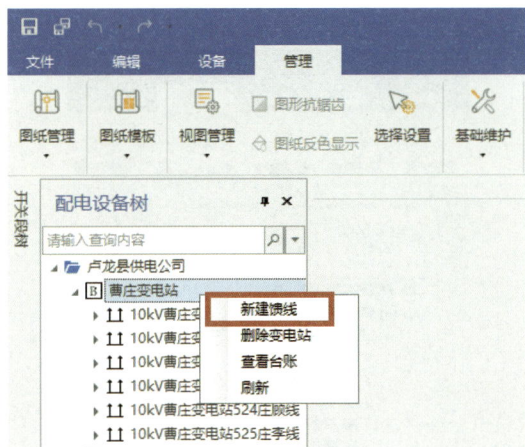

图 4-1　变电站选择

第二步　选择可用的出线开关（馈线名称列为空），点击确定，即可创建馈线，同时自动创建并打开单线图，刷新设备树，即可在设备树上看到新建完成的馈线，如图 4-2 所示。

图 4-2　出线开关选择

◇ 2. 如何新建低压台区？

操作步骤

在配电设备树选择需新建低压台区的变压器。右键选择新建低压台区，系统自动创建并打开台区图，刷新设备树，即可在设备树上看到新建的低压台区，如图 4-3 所示。

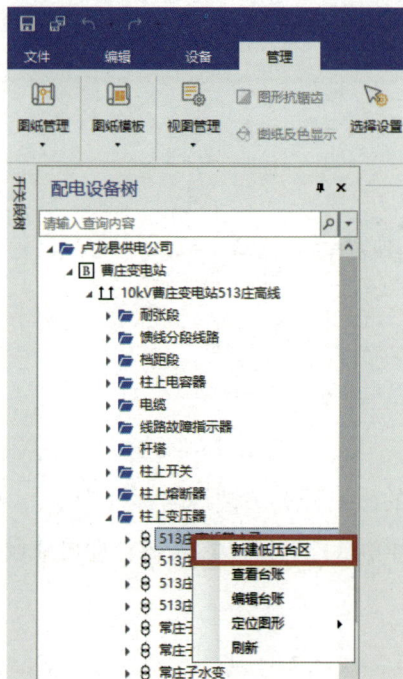

图 4-3　新建台区

◇ **3. 如何查看图纸？**

操作步骤

第一步　从电网资源管理微应用首页里点击"配电业务 / 投运转资管理 / 配电图形客户端"，如图 4-4 所示。

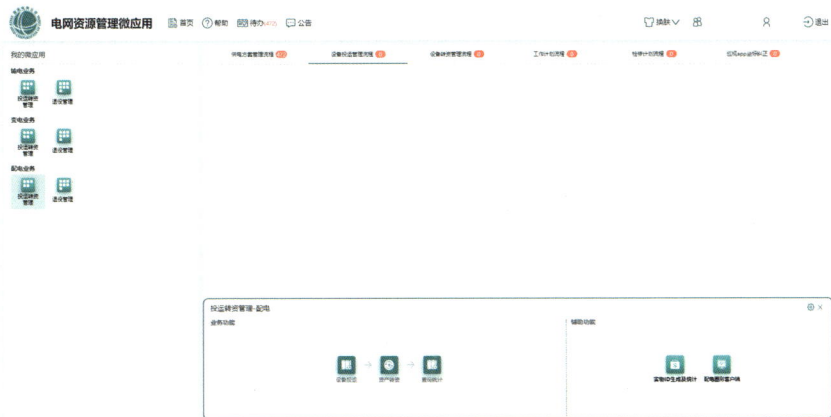

图 4-4　电网资源管理微应用首页

第二步　打开配电图形客户端后，选择一条馈线 / 低压台区 / 站房，右键选择查看单线图 / 台区图 / 站内图，即可查看对应图纸，如图 4-5 所示。

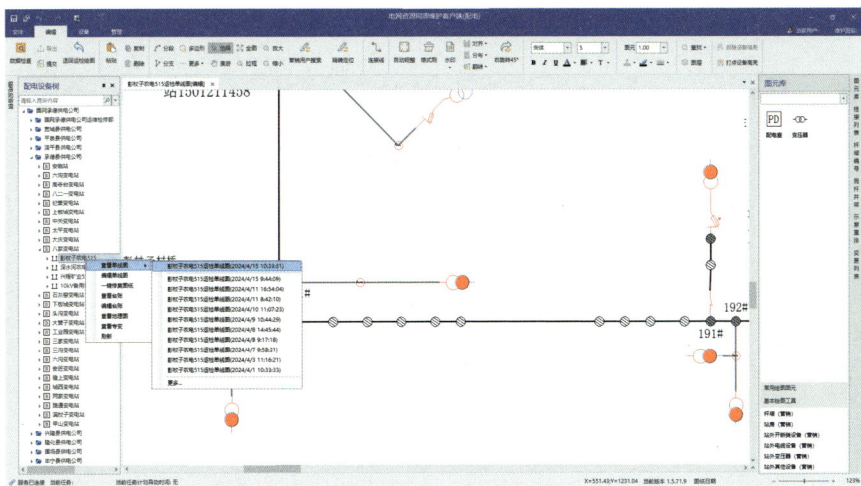

图 4-5　客户端主界面

注意事项：在首页直接打开配电图形客户端应用中只有查看权限，无编辑权限，如果需要操作，需要新建工单后对设备进行修改。

◇ 4. 如何进行图纸设置操作？

操作步骤

第一步　在打开的图纸上右击选择"图纸设置"—"图纸大小自适应"（此功能是为了满足设备充满图纸，可自动调整图纸美观性），如图 4-6 所示。

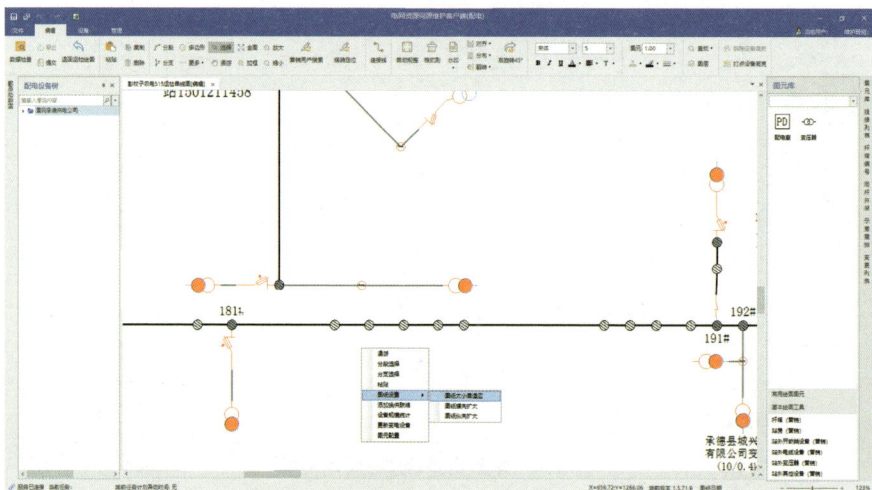

图 4-6　图纸设置

第二步　打开站房子站图右击选择"图纸设置"，选择横纵向扩大，可设置站房图纸横向纵向大小，如图 4-7 所示。

图 4-7　站房图纸设置

◇ 5. 如何进行同杆架设操作？

操作步骤

第一步　同杆并架选杆，选择同杆架设杆塔，并按走向顺序排列，列表显示杆塔顺序及杆塔编号；选择 1 ～ 5 杆塔，如图 4-8 所示。

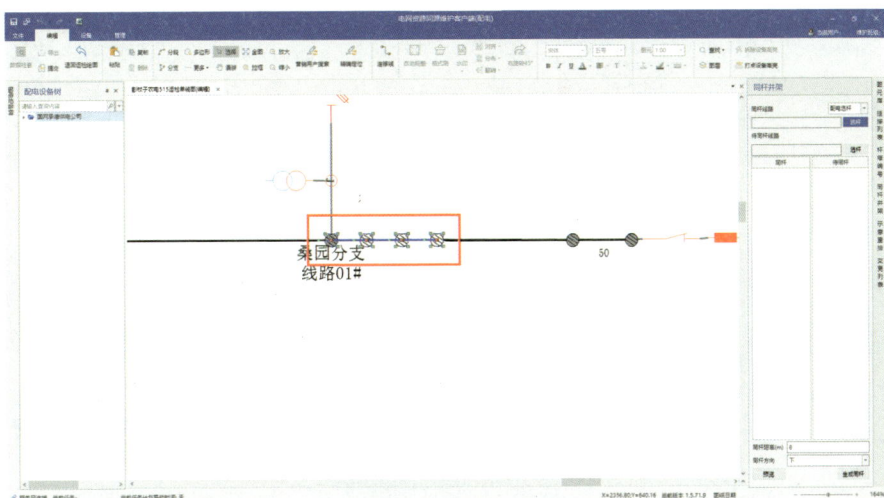

图 4-8　维护杆塔

第二步　打开待同杆的线路图纸，找到需要同杆的杆塔，点击待同杆线路中的选杆，如图 4-9 所示。

图 4-9　选择需同杆杆塔

第三步　待同杆线路选杆，如果是中压同杆或低压与中压同杆，通过设备树打开单线图，也可以通过线路或图纸名称查询打开单线图，选择待同杆杆塔，如图 4-10 所示。

图 4-10　同杆杆塔维护

第四步　设置同杆架设的方向和距离，预览同杆架设效果，可以根据预览效果动态调整同杆架设方向和距离；检查同杆杆塔与待同杆杆塔数是否一致，若一致，则可生成同杆；点击生成同杆，提示设置同杆成功，如图 4-11 所示。

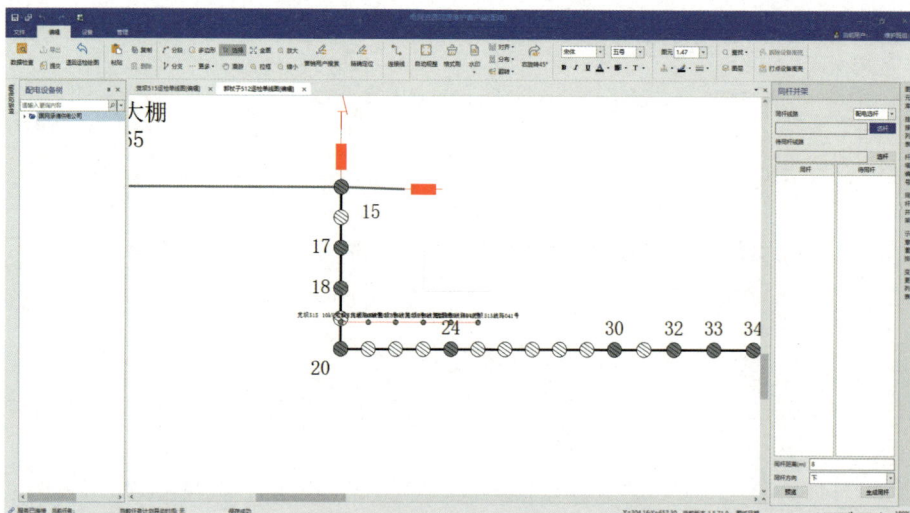

图 4-11　维护成功

第五步　杆塔同杆后，若需解除同杆状态，可以右击选择"解除同杆"以解除同杆架设，如图 4-12 所示。

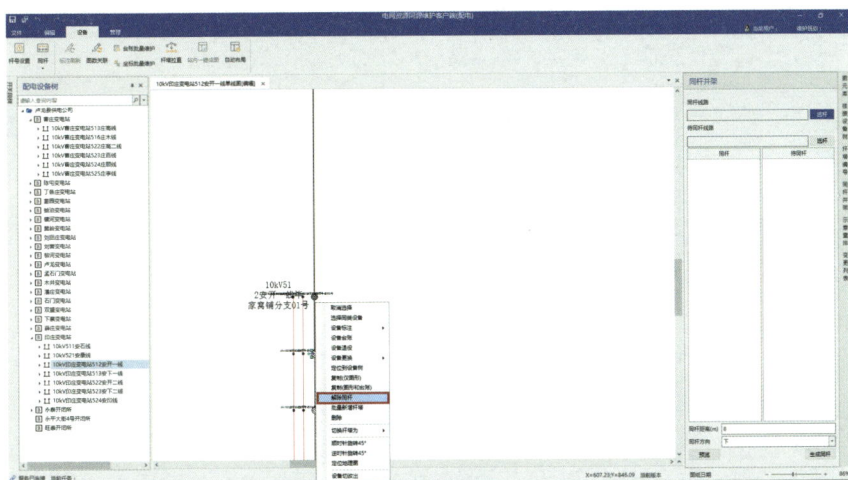

图 4-12　解除同杆

◇ 6. 如何设置联络示意？

操作步骤

第一步　当需要把 A 线路已存在的联络开关建立为 B 线路联络示意开关时，在 B 线路新建一个对应类型的开关图元，选中此开关，右键菜单选择"设为联络示意"，如图 4-13 所示。

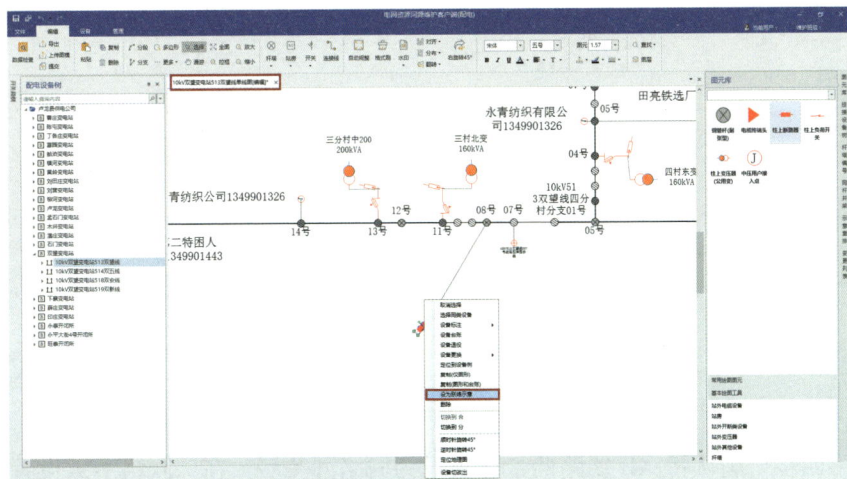

图 4-13　设为联络示意

第二步 弹出"联络示意设置"窗口,"示意设备"选中在 B 线路需要设为示意的开关,如图 4-14 所示。

图 4-14 示意设备选择

第三步 打开 A 线路单线图,找到作为和 B 线路需要示意的联络示意柱上开关,"联络设备"选中此开关,如图 4-15 所示。

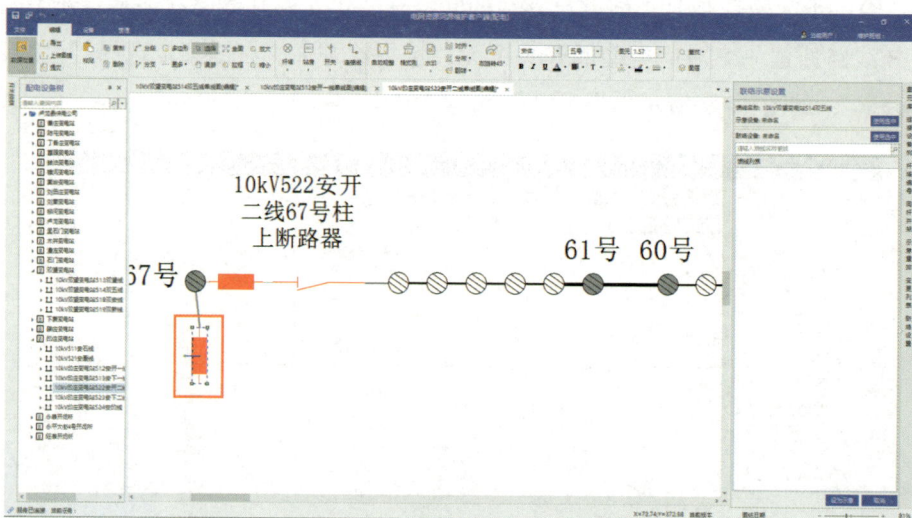

图 4-15 联络设备选择

第四步 确认将 AB 线路两个开关设为联络开关后,在"联络示意设置"窗口点击"设为示意"按钮,由于联络示意操作不可逆,需在最后一次操作提示弹窗中选择"是"，即可完成柱上开关联络操作，如图 4-16 所示。

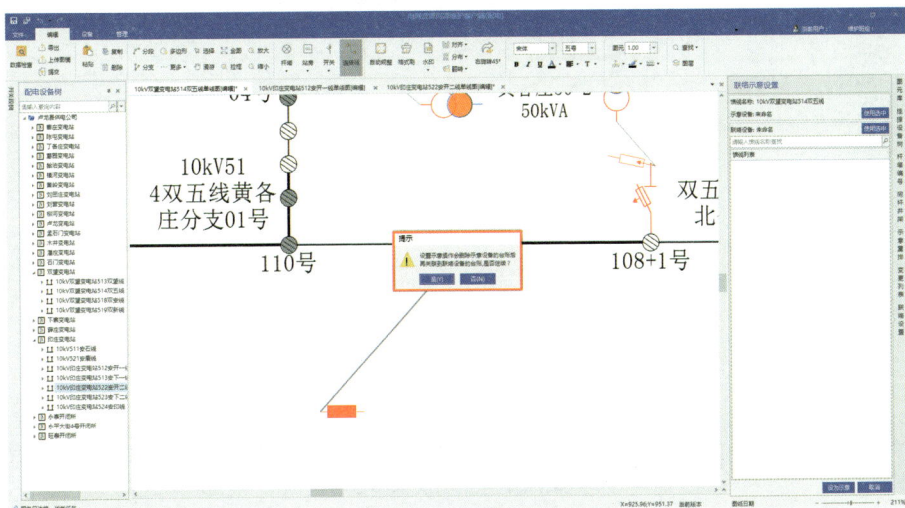

图 4-16　操作提示

　　第五步　完成柱上开关联络操作后，图纸上的联络开关会以绿色展示，如图 4-17 所示。

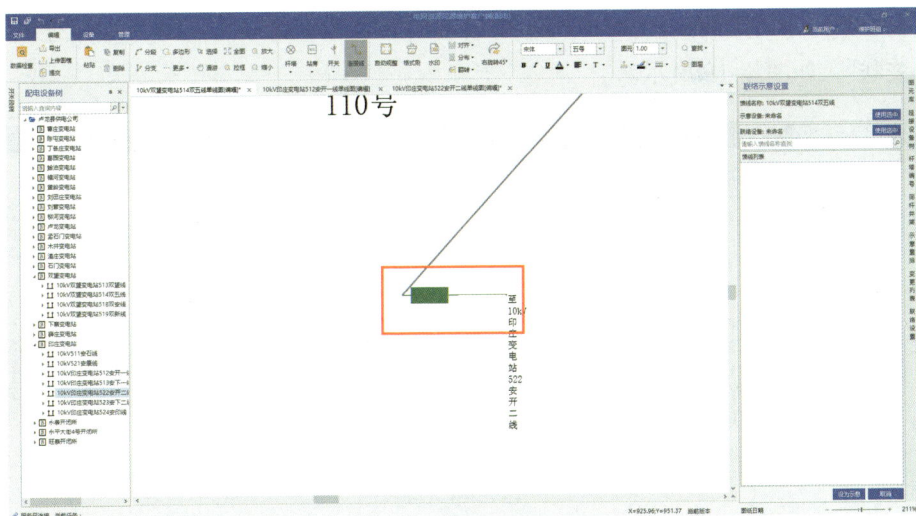

图 4-17　设置成功

　　第六步　选择设置好的联络开关进行台账维护，将开关作用设置为"联络"，以避免影响馈线分析，如图 4-18 所示。

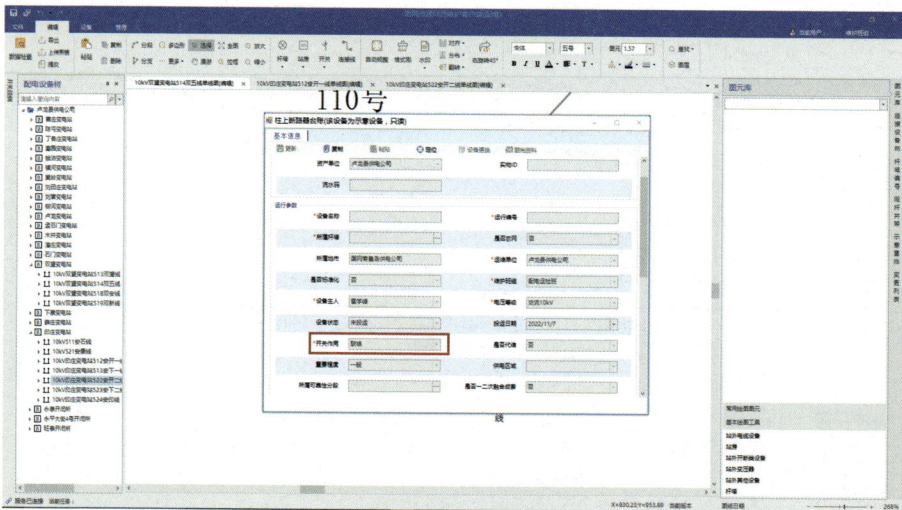

图 4-18　台账开关作用查看

◇ 7. 如何设置站房关联?

操作步骤

第一步　当需要在 B 线路图纸中把 A 线路已存在的站房设置为关联站房时,在 B 线路图纸中新建一个对应站房类型的图元,选中此站房右键菜单选择"站房关联",如图 4-19 所示。

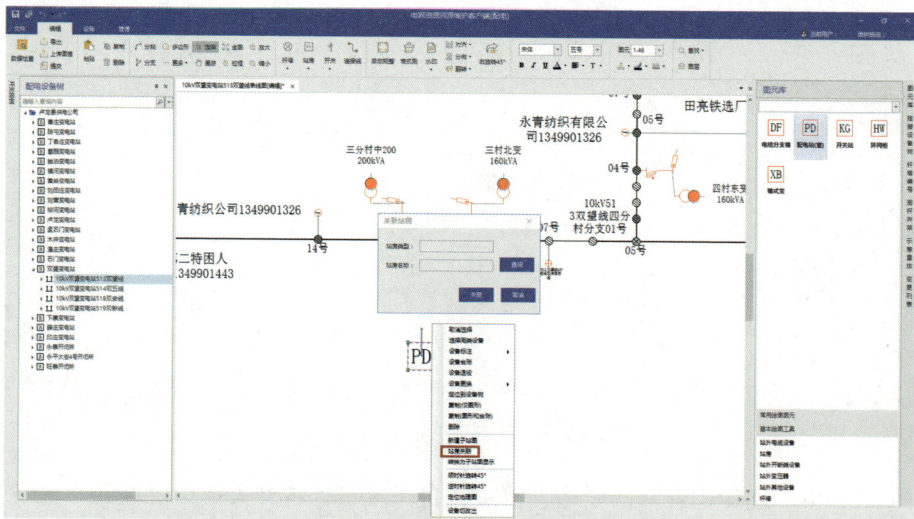

图 4-19　联络站房设置

第二步

方式一：从设备导航树中选择 A 线路上的站房，双击设备树节点，关联站房弹窗中自动填写选中设备，如图 4-20 所示。

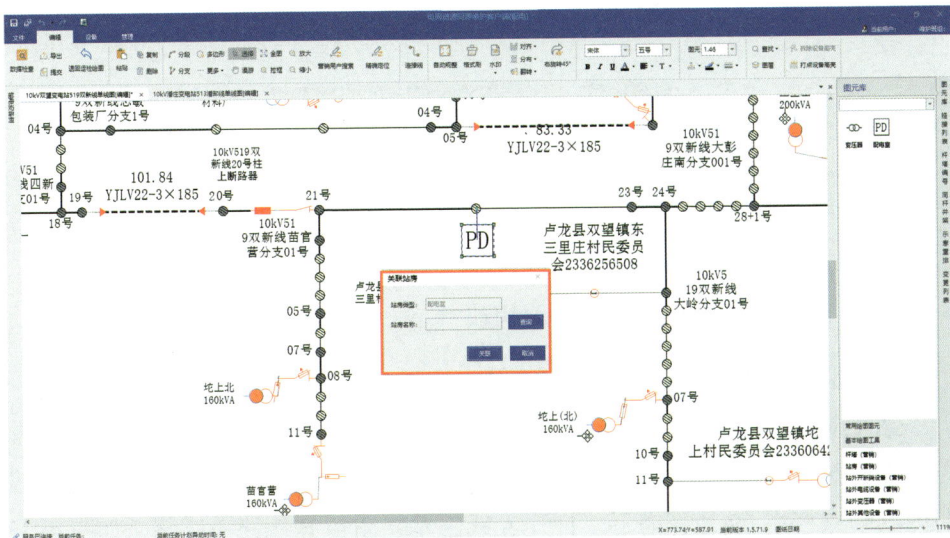

图 4-20 选择关联站房

方式二：在关联站房弹窗中点击查询，在站房查询中，输入 A 线路名称进行查询，选择 A 线路对应的站房，点击确定，如图 4-21 所示。

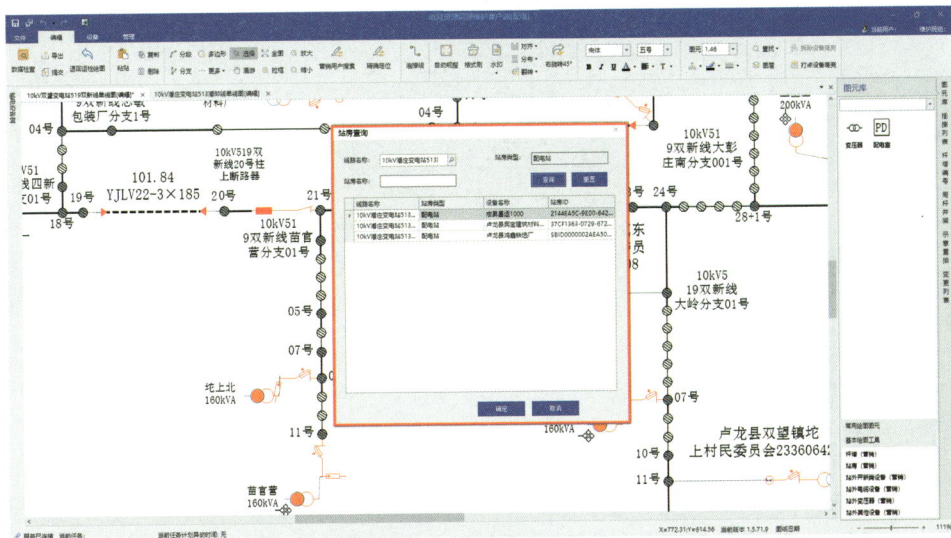

图 4-21 站房查询

第三步　完成站房关联操作后，需将检查被关联的站房的分界开关的开关作用更改为"联络"，否则数据检查时可能会导致线变关系错误，如图4-22所示。

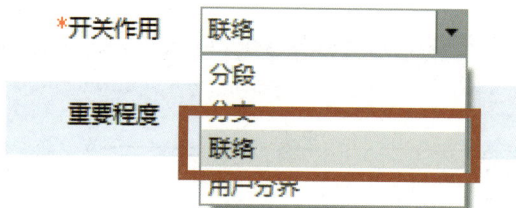

图4-22　设置联络

◇ 8. 如何进行线路及低压台区切改？

（1）线路切改。

操作步骤

第一步　当工程需要对A线路的A线路杆塔05号杆塔以下设备割接至B线路的B线路杆塔09号杆塔下，打开A线路单线图与B线路单线图，如图4-23所示。

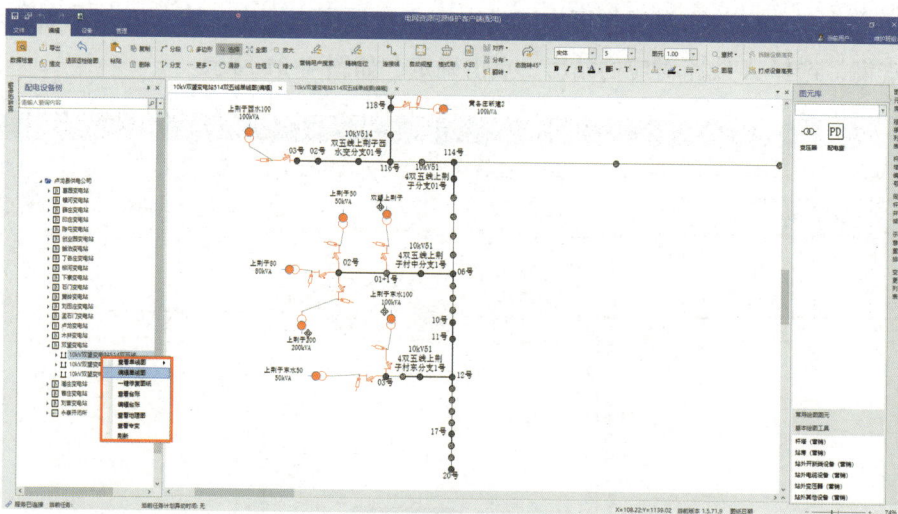

图4-23　编辑单线图

第二步　在A线路的单线图中找到需要切改的A线路杆塔05号杆塔后面的设备，删除该杆塔和上级设备之间的连接线，解除拓扑关系，然后选中该杆塔及需切改的末级设备，右键选择"设备切改出"，如图4-24所示。

图 4-24　设备切改出

第三步　切换到 B 线路的单线图，右键选择"设备切改入"，如图 4-25 所示。

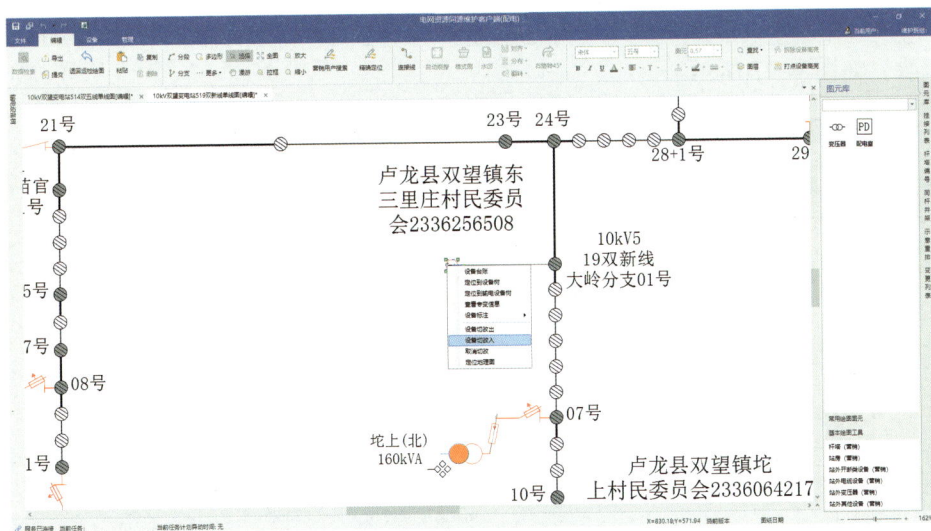

图 4-25　设备切改入

第四步　切改提示窗口，切改设备不支持撤销操作，点击"是"，即可完成切改操作。若不弹出"切改提示窗口"，则进行下一步即可，如图 4-26 所示。

图 4-26　设备切改成功

第五步　确认切改操作后，被切改设备会在当前图纸上跟随鼠标以阴影显示，鼠标选择合适的位置后，单击左键确认。然后将切改过来的设备和 B 线路杆塔 09 号杆塔通过连接线进行关联，关联完成后查看设备属性及台帐是否需要修改，如图 4-27 所示。

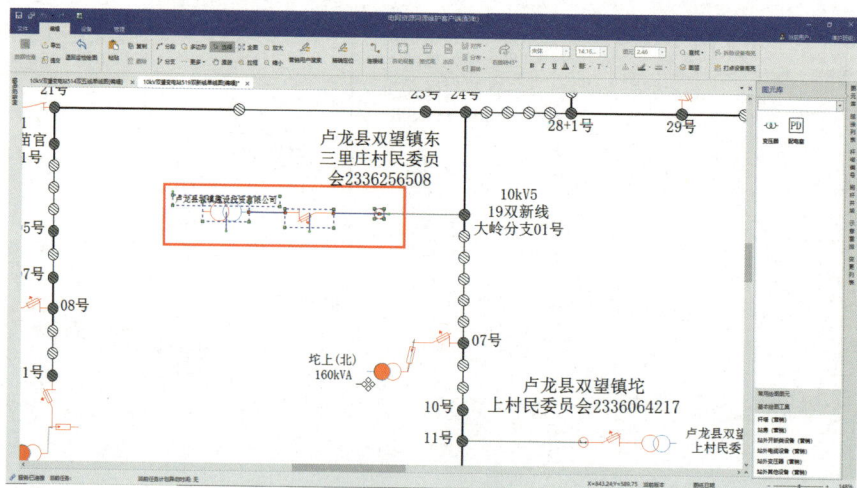

图 4-27　关联成功

（2）低压台区切改。

第一步　在 A 台区的单线图中找到需要切改到 B 台区后面的设备，删除该杆塔和上级设备之间的连接线，解除拓扑关系。

第二步　上方菜单栏选择"管理—选择设置"，在选择设置弹窗中勾选营销设备可见属性，以显示营销设备拓扑图形，如图 4-28 所示。其他步骤同线路切改操作一致。

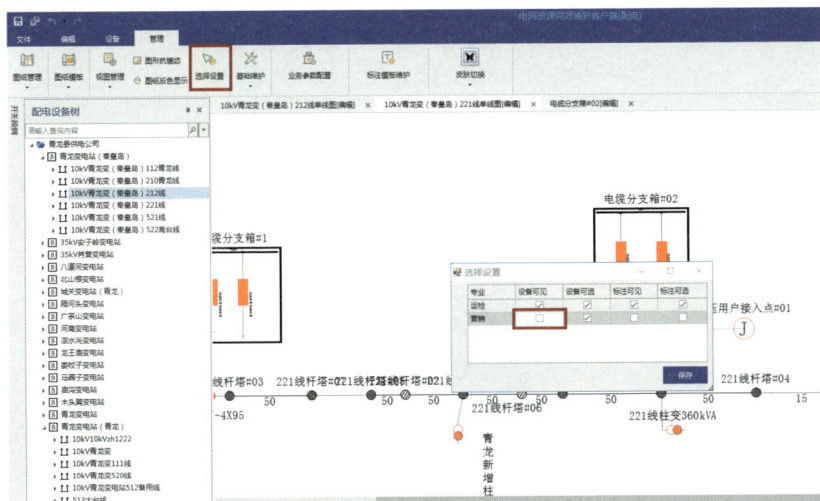

图 4-28　取消隐藏营销设备界面

◇ 9. 如何进行线路切割？

线路切割功能指对不同变电站下线路进行更换出线间隔操作。

操作步骤

第一步　设备树选择馈线，右击选择"线路切割"，如图 4-29 所示。

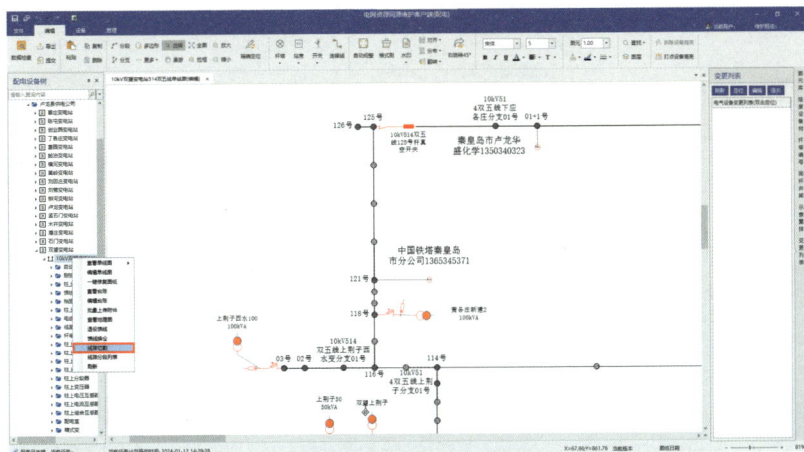

图 4-29　线路切割

第二步 弹出"选择出线开关"弹框，选择变电站，如图 4-30 所示。

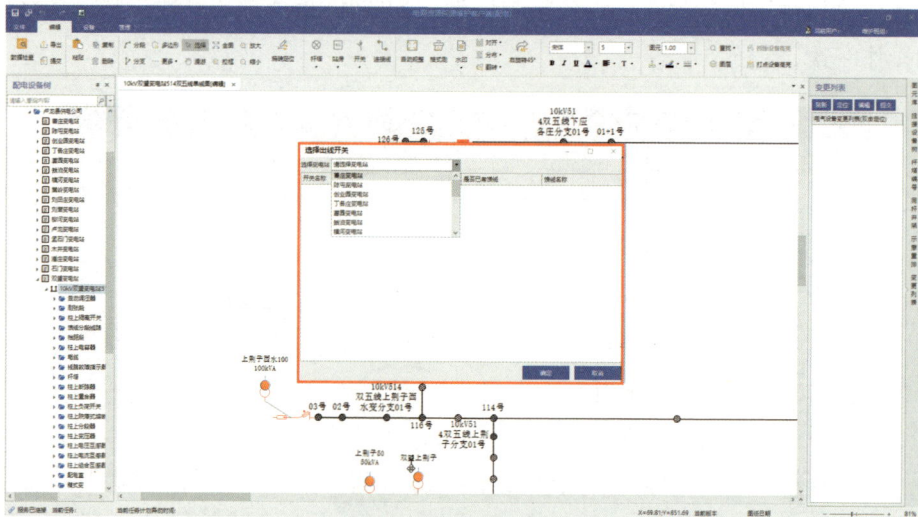

图 4-30 变电站选择

第三步 选择变电站后出现变电站下所属的馈线，选择出线开关，点击确定，如图 4-31、图 4-32 所示。

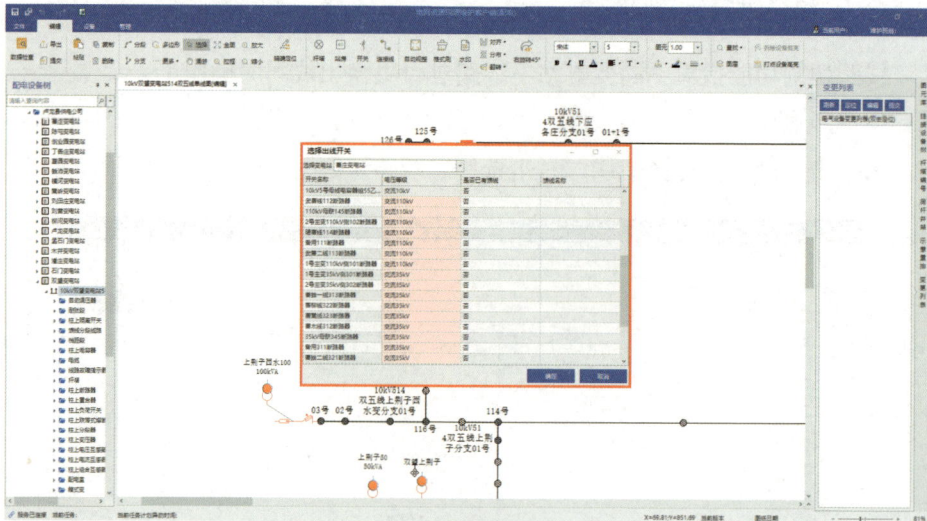

图 4-31 出线开关选择

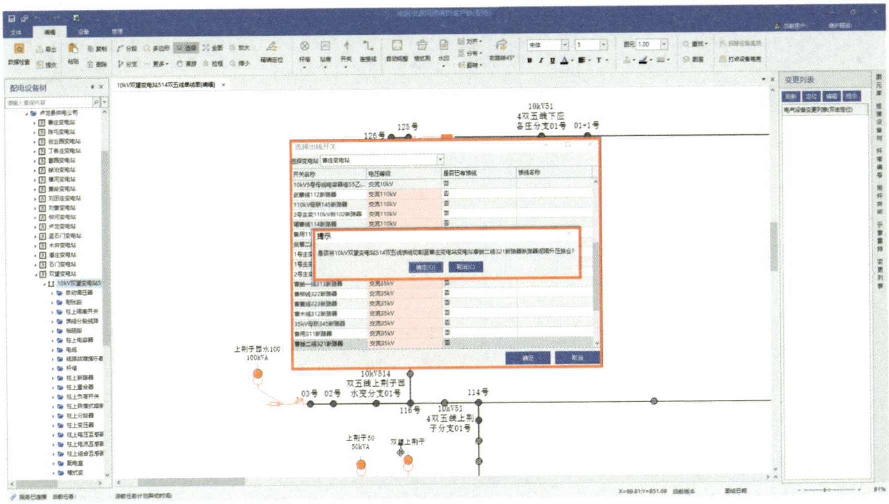

图 4-32　操作提示

第四步　点击确定之后，重新刷新设备树，即可查看切割完成的线路，如图
4-33 所示。

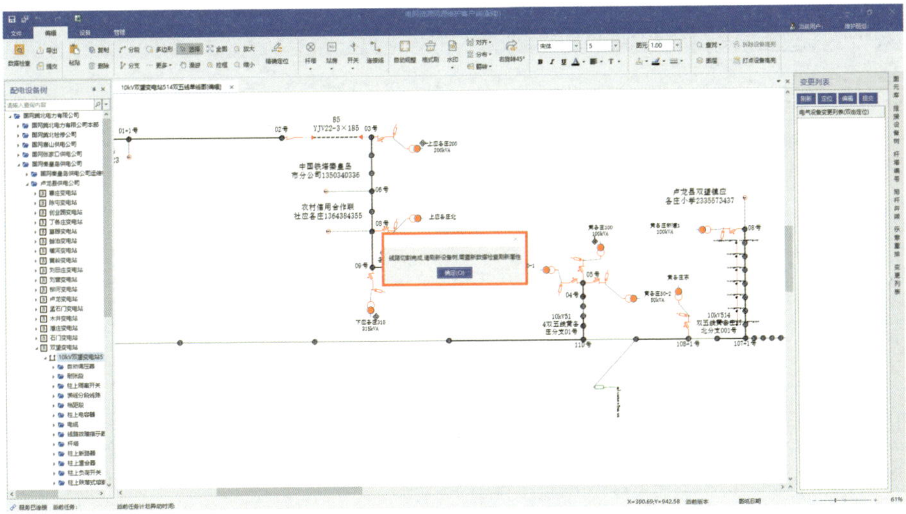

图 4-33　线路切割完成

◇ 10. 如何进行馈线换仓？

馈线换仓功能指对相同变电站下线路进行更换出线间隔操作。

操作步骤

第一步　设备树选择馈线右击"馈线换仓"，如图 4-34 所示。

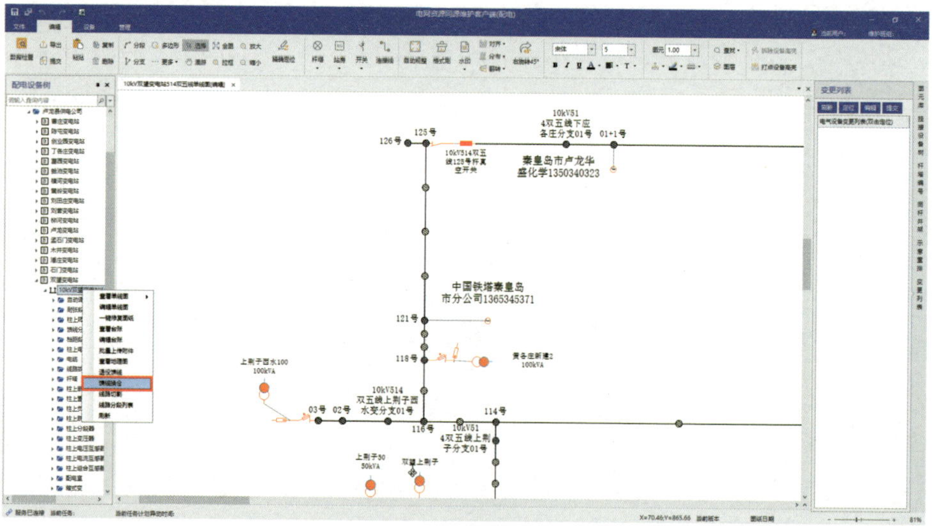

图 4-34 馈线换仓

第二步 弹出"选择出线开关"弹框，选择同电压等级（及以下）馈线的出线开关，点击"确定"，如图 4-35 所示。

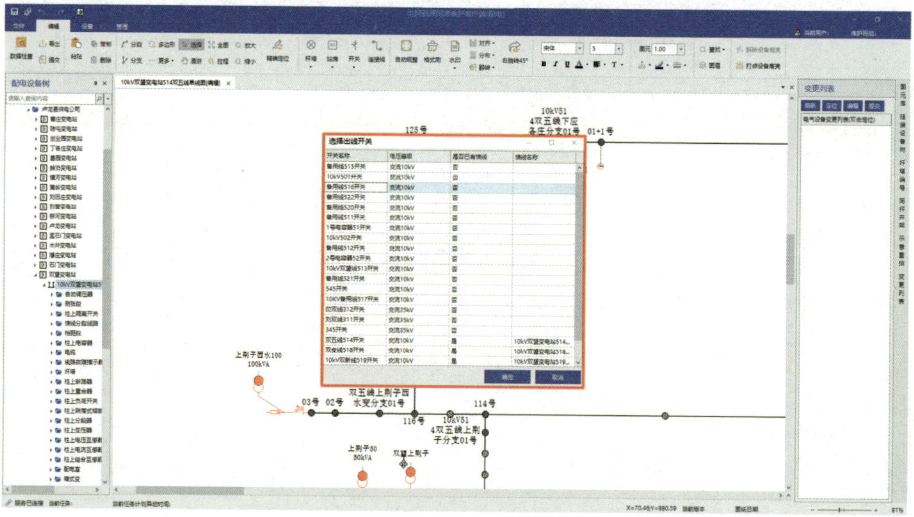

图 4-35 出线开关选择

第三步 在弹出的操作提示窗口中，点击"确定"，保存图纸，重新进行数据检查，如图 4-36 所示。

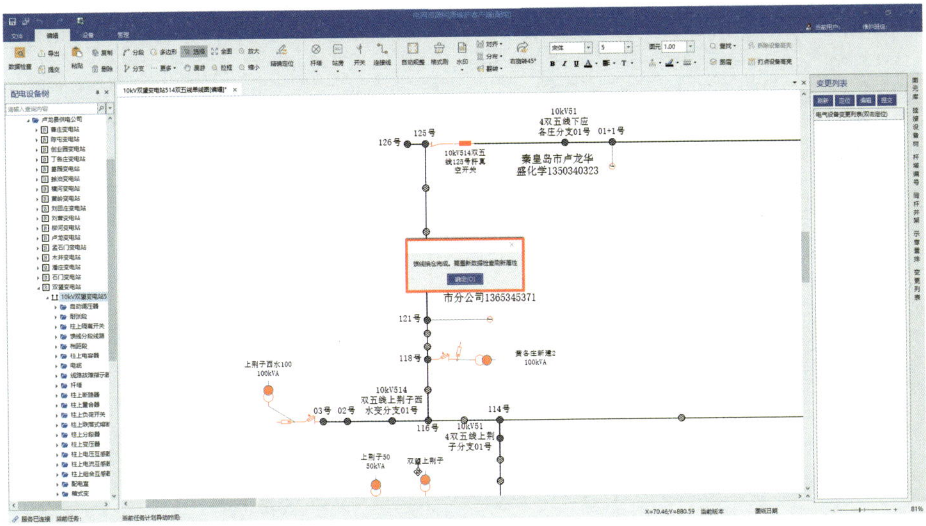

图 4-36 换仓完成

◇ 11. 如何进行版本回退？

操作步骤

选择"文件"，点击"版本回退"，即可完成版本回退操作，如图 4-37 所示。

图 4-37 版本回退

注意事项：版本回退主要用于清空此任务内设备变更内容操作。

◇ 12. 如何进行设备退役？

操作步骤

第一步 通过设备树找到当前变电站下线路中所对应的设备分类，选择需要退役设备，点击鼠标右键选择"定位图形到编辑版"，选中设备图形点击鼠标右键选择"设备退役"，如图 4-38、图 4-39 所示。

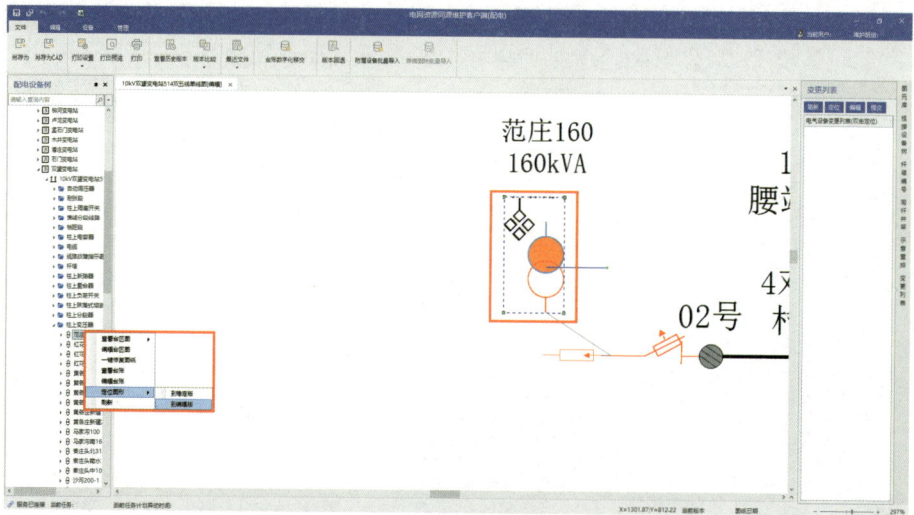

图 4-38　设备定位

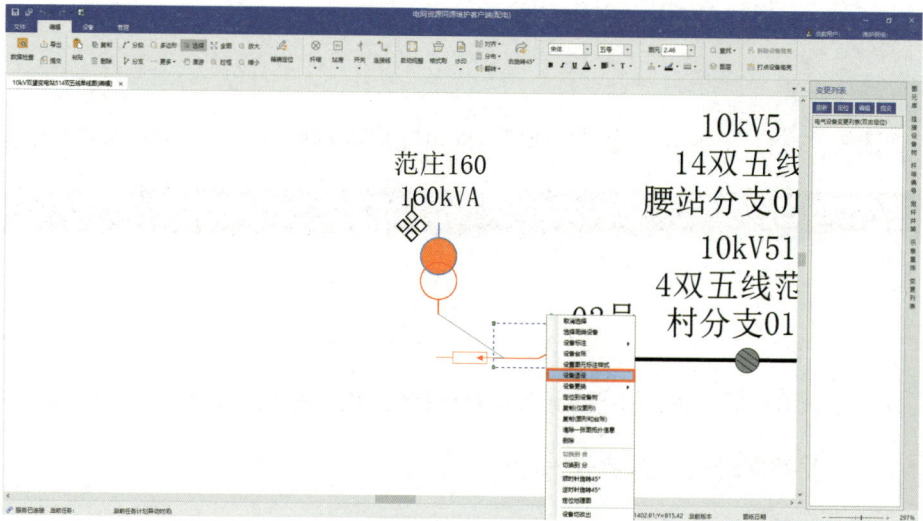

图 4-39　设备退役

第二步　在弹出"退役（删除）设备清单"界面后，勾选需要退役的设备，点击"确认"即可完成设备退役操作，如图 4-40 所示。

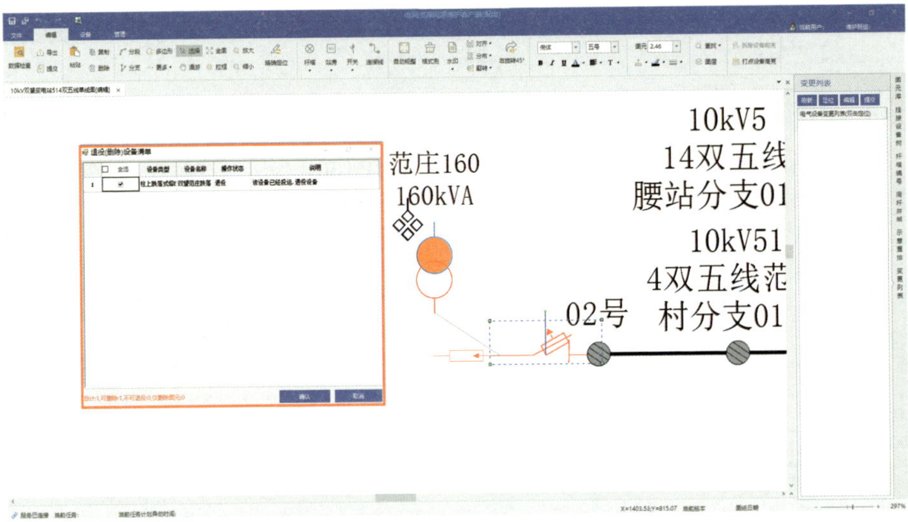

图 4-40　勾选退役设备

注意事项

（1）当现场线路上设备发生变更时，需要对设备进行修改，将无法使用的设备进行退役。

（2）公用变压器退役时，如果挂接有低压用户，则提示需先退役低压用户；如果没有低压用户，但有低压线路设备，退役时将列出变压器下所有低压线路设备，并提示"退役变压器时包含的低压设备将一并退役！"；既没有低压用户又没有低压线路设备时可直接退役变压器。

（3）当中压用户接入点退役时，如果挂有中压专用变压器用户，则提示需要先退役对应专用变压器用户。

（4）当低压用户接入点退役时，如果挂有低压用户，则提示需要先退役对应低压用户。

◇ 13. 如何进行设备更换？

操作步骤

第一步　通过设备树找到当前变电站下线路中所对应的设备分类，选择需要退役的设备，点击鼠标右键选择"定位图形到编辑版"，如图 4-41 所示。

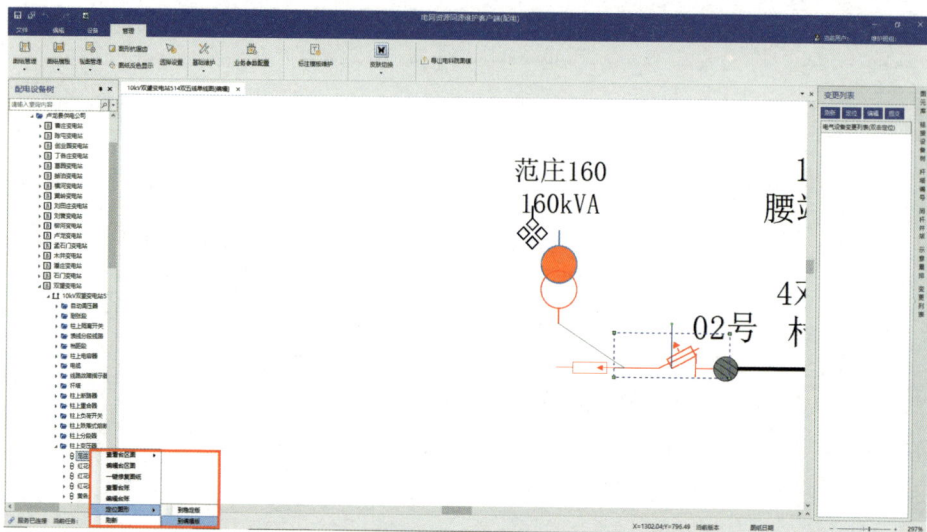

图 4-41　定位设备

第二步　选中设备图形点击鼠标右键选择"设备更换"，根据具体情况选择完全新增、再利用、备品备件，选择再利用、备品备件会弹出对应的界面，选择设备型号找到设备，点击界面下端的"确认"，如图 4-42、图 4-43 所示。

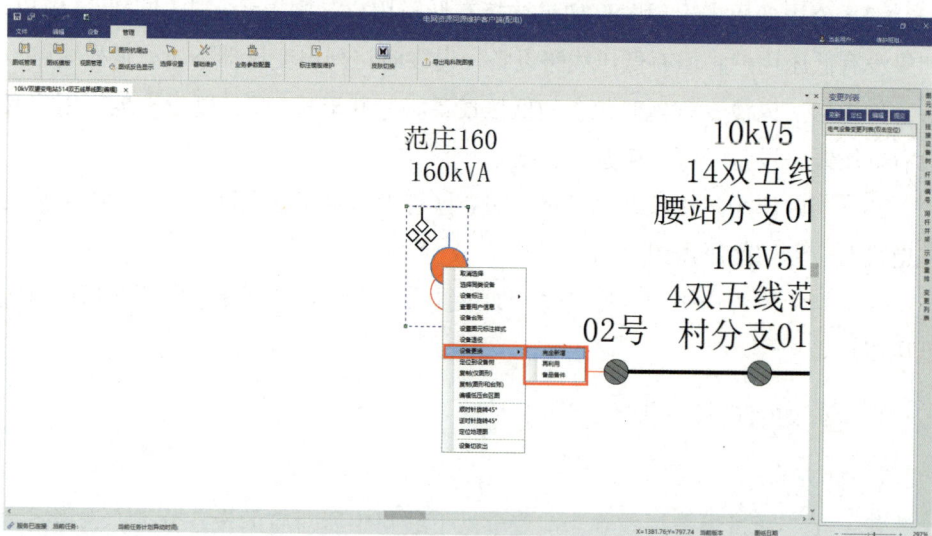

图 4-42　更换设备

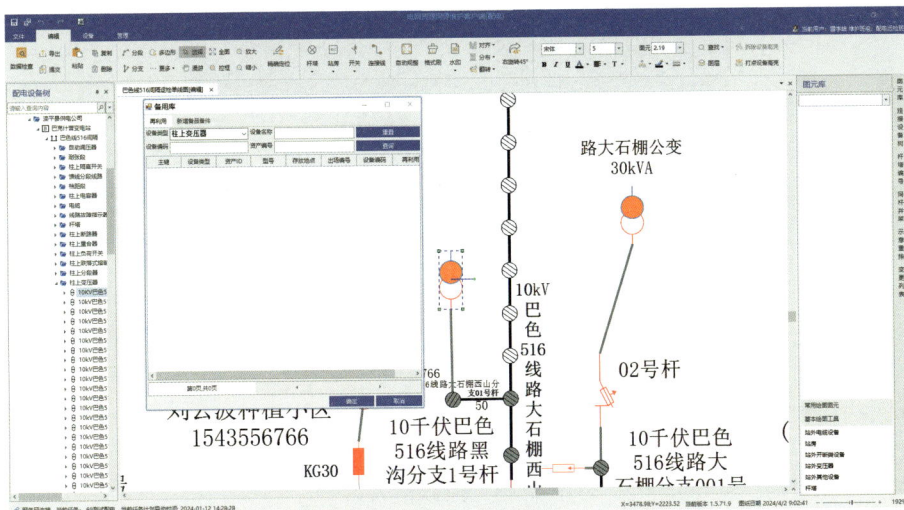

图 4-43　操作弹窗

◇ 14. 如何对设备进行对齐？

操作步骤

第一步　选中多个图形对象，如图 4-44 所示。

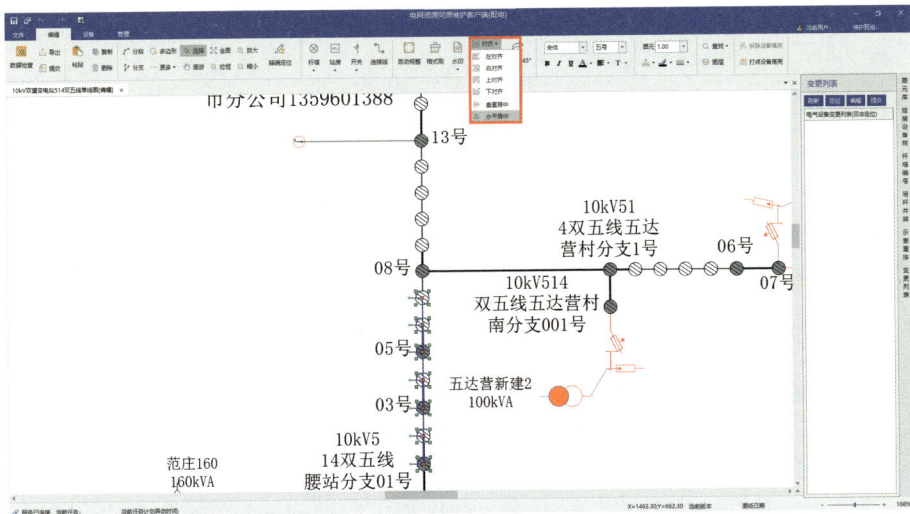

图 4-44　设备对齐

第二步　工具栏中分别点击"对齐"按钮，以最后选中的图形对象为基准，进行对齐操作，如图 4-45 所示。

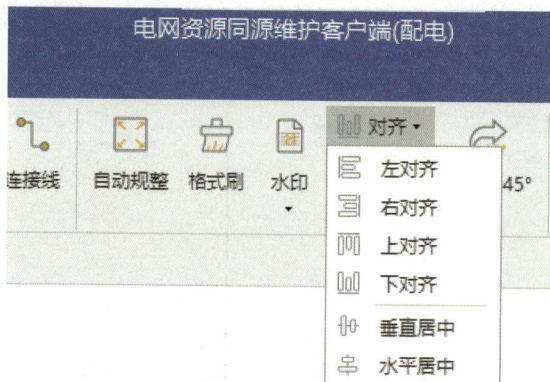

图 4-45　选择对齐方式

◇ 15. 如何进行高压新装图形绘制？

操作步骤

第一步　打开营销 2.0 系统中对应的业扩流程工单，从"空间拓扑维护"环节启动配电图形客户端，如图 4-46 所示。

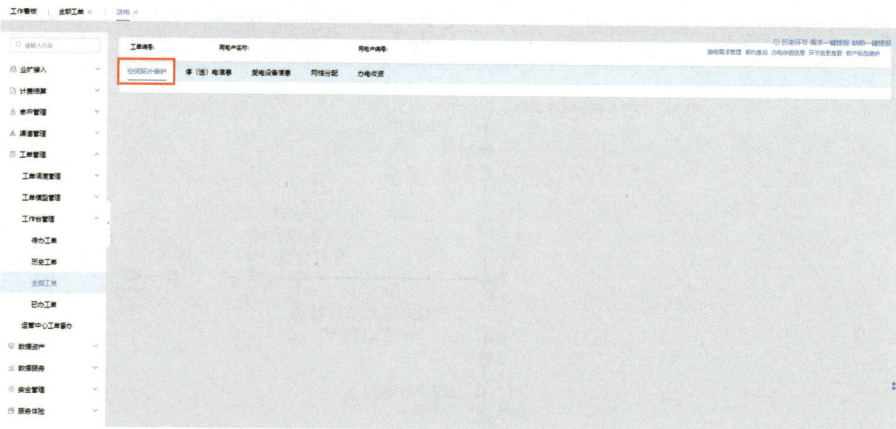

图 4-46　空间拓扑维护

第二步　从同源客户端右侧点击"变更列表"选项卡打开变更设备列表，从列表中选中要维护的线路，然后点击上面的"定位"按钮，即可打开线路对应的图纸，如图 4-47 所示。

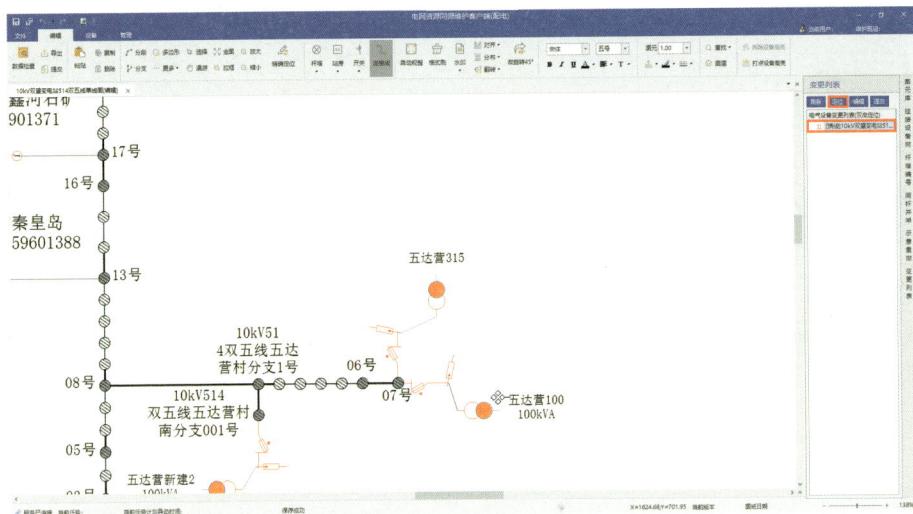

图 4-47　同源客户端单线图定位

第三步　从绘图客户端右侧点击"图元库"选项卡，从图元列表中选择待挂接的营销设备对应的图元（如专用变压器、计量箱等），然后在图纸中选择要挂接营销设备的用户接入点，挂接设备即可，如图 4-48 所示。

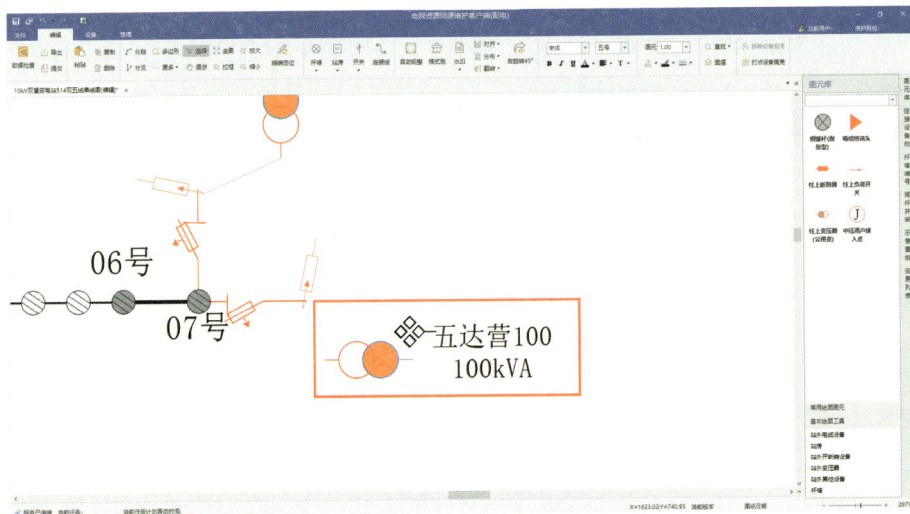

图 4-48　挂接变压器

第四步　在营销设备图元上点击鼠标右键，在右键菜单中点击"设备绑定"菜单项，从弹出的挂接列表对话框中选择需要挂接的营销设备，点击"确定"按钮完成图元与设备的挂接。绘制完成后，提交任务即可，如图 4-49 所示。

112

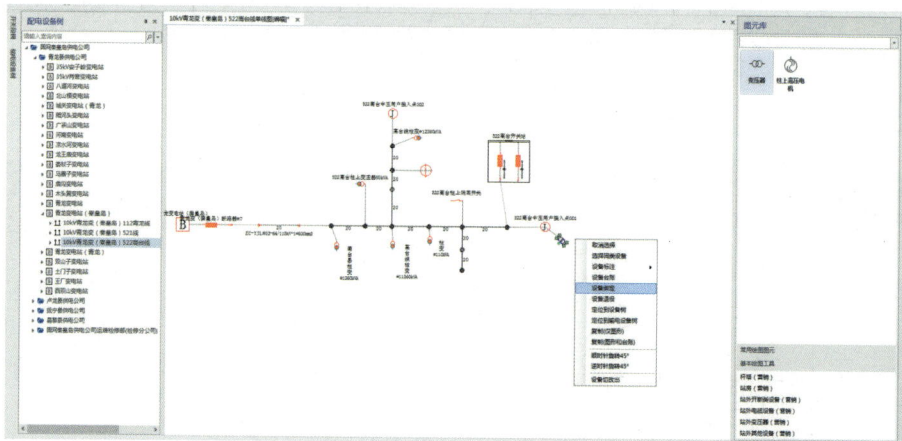

图 4-49　设备绑定

◇ 16. 如何进行低压新装图形绘制？

操作步骤

第一步　打开营销 2.0 系统中对应的业扩流程工单，从"空间拓扑维护"环节启动配电图形客户端，如图 4-50 所示。

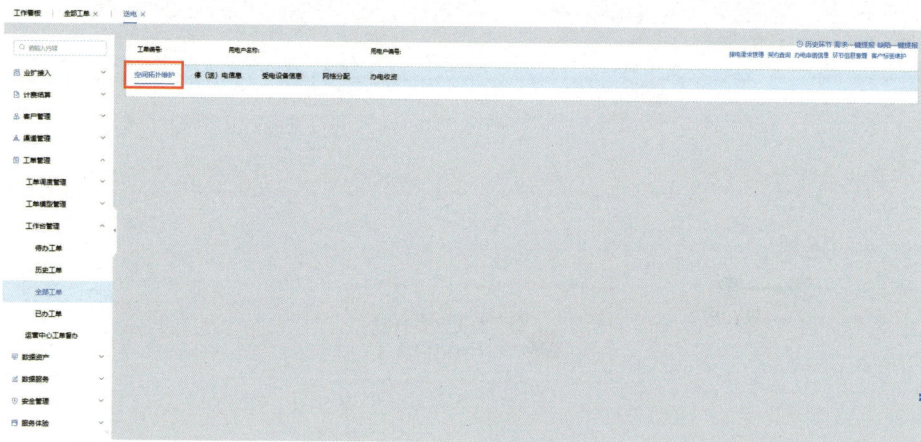

图 4-50　空间拓扑维护

第二步　从同源客户端右侧点击"变更列表"选项卡打开变更设备列表，从列表中选中要维护的台区，然后点击上面的"定位"按钮，即可打开台区对应的图纸，如图 4-51 所示。

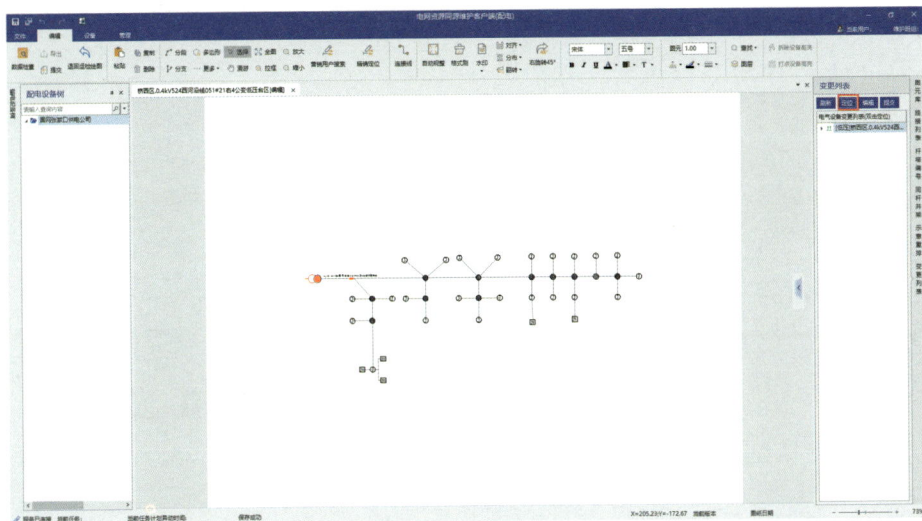

图 4-51　单线图定位

第三步　打开台区后点击"图元库"，在需要新增的接入点后绘制新的计量箱，绘制完成后，提交任务即可，如图 4-52 所示。

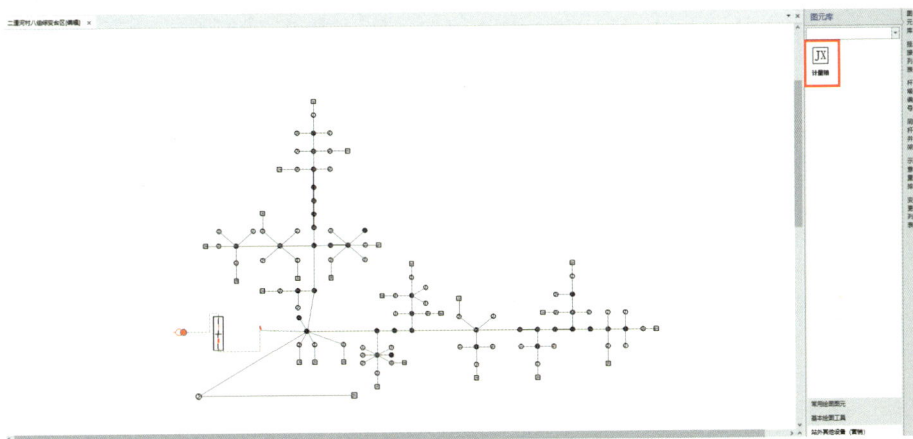

图 4-52　挂接计量箱

◇ 17. 如何创建营销数据治理任务？

操作步骤

第一步　登录电网资源管理微应用，如图 4-53 所示。

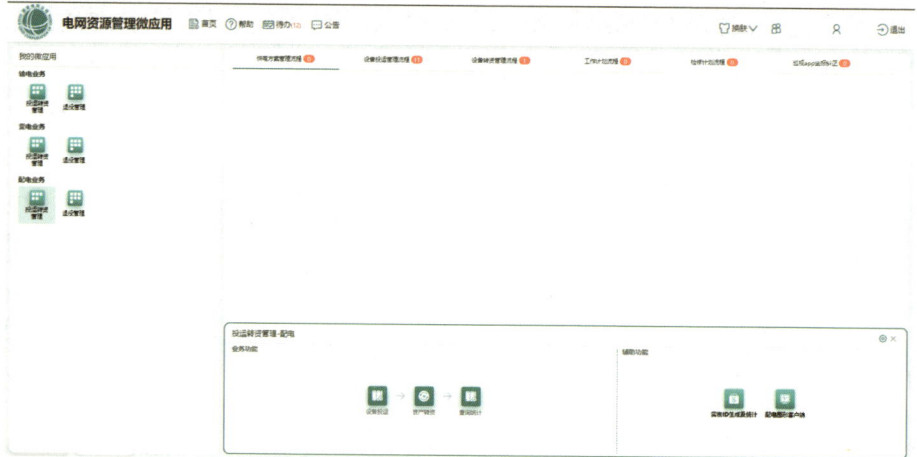

图 4-53　电网资源管理微应用首页

第二步　点击"设备投运"，进入营销数据治理功能，如图 4-54 所示。

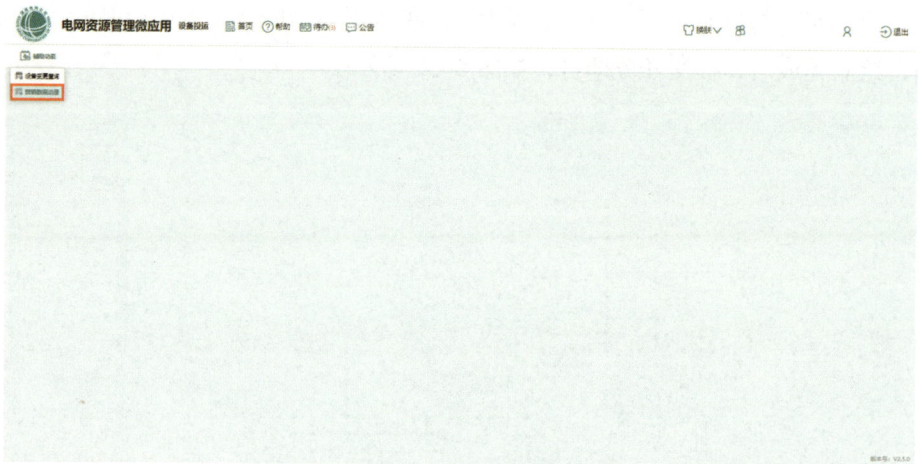

图 4-54　营销数据治理

第三步　创建工单编号、工单名称，点击"启动营销客户端"，如图 4-55 所示。

第四步　选择营销人员所属地市和单位，点击"确定"，如图 4-56 所示。

第五步　在弹出的"webshell 跳转链接"中，点击"确认"，如图 4-57 所示。

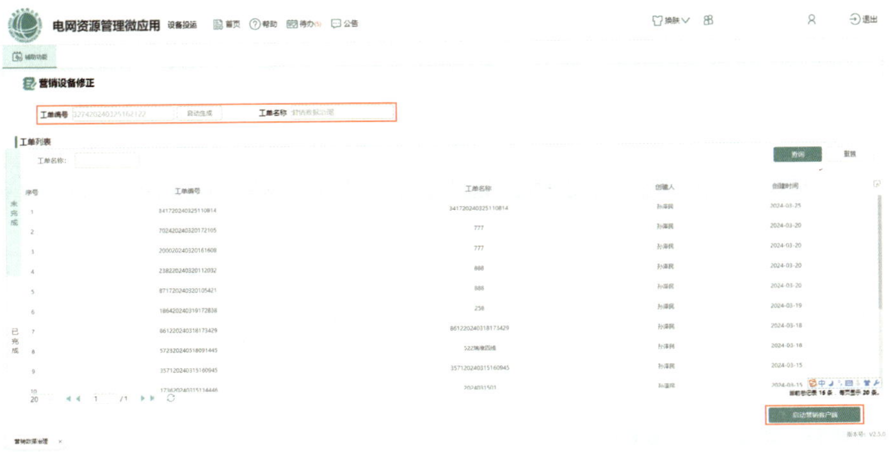

图 4-55　创建工单

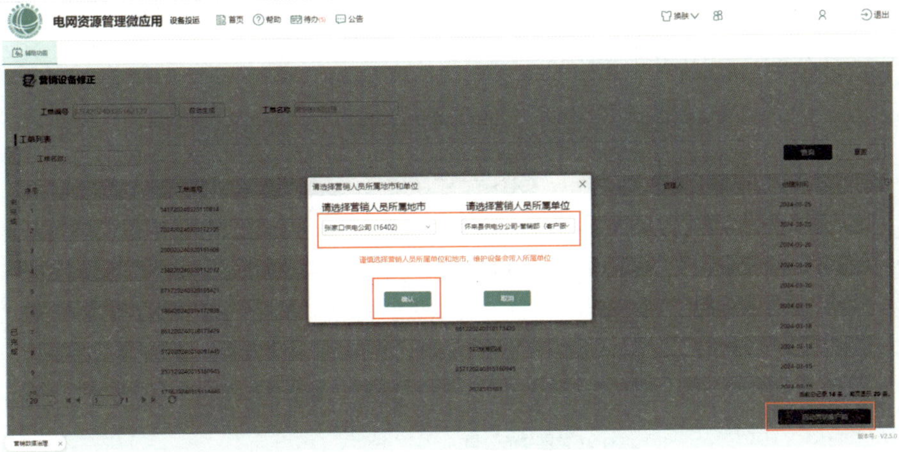

图 4-56　运维单位选择

图 4-57　营销数据治理

第六步 点击弹出对话框中的"打开 Nari.GraphicEditor",进入客户端,如图 4-58 所示。

图 4-58 打开界面

◇ 18. 如何补录专线?

操作步骤

第一步 创建任务后,找到对应变电站,右键选择"新建专线"菜单,打开创建专线界面,如图 4-59 所示。

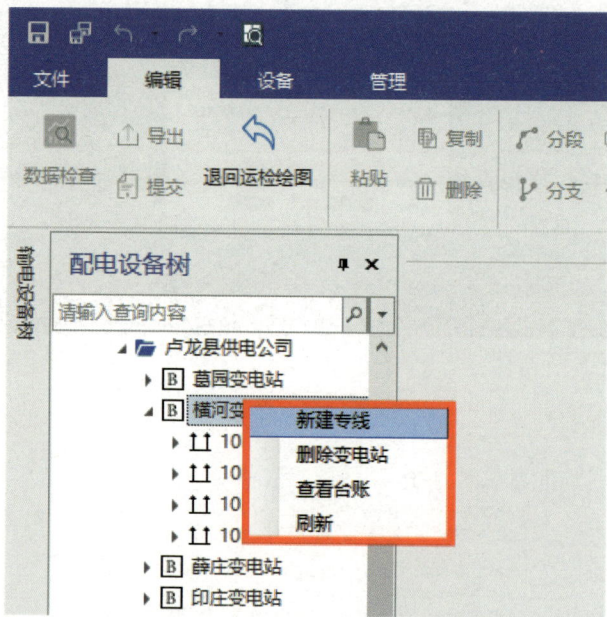

图 4-59 新建专线界面

第二步 选择正确的出线断路器,点击"确定",如图 4-60 所示。

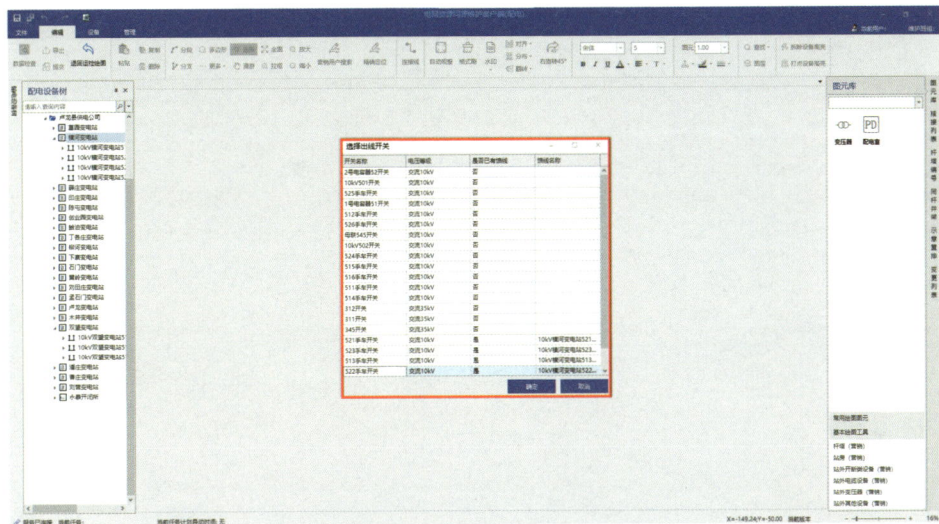

图 4-60　出线开关选择界面

第三步　输入专线资源 ID，即对应营销侧的线路 ID，点击"确定"，即可创建专线，同时自动创建并打开单线图，刷新设备树，即可在设备树上看到新建的专线，如图 4-61 所示。

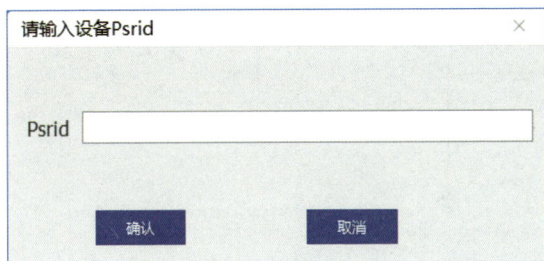

图 4-61　设备 PSRID 输入

◇ 19. 如何补录专用变压器？

操作步骤

第一步　找到专用变压器所对应的线路，右键选择"编辑单线图"，如图 4-62 所示。

117

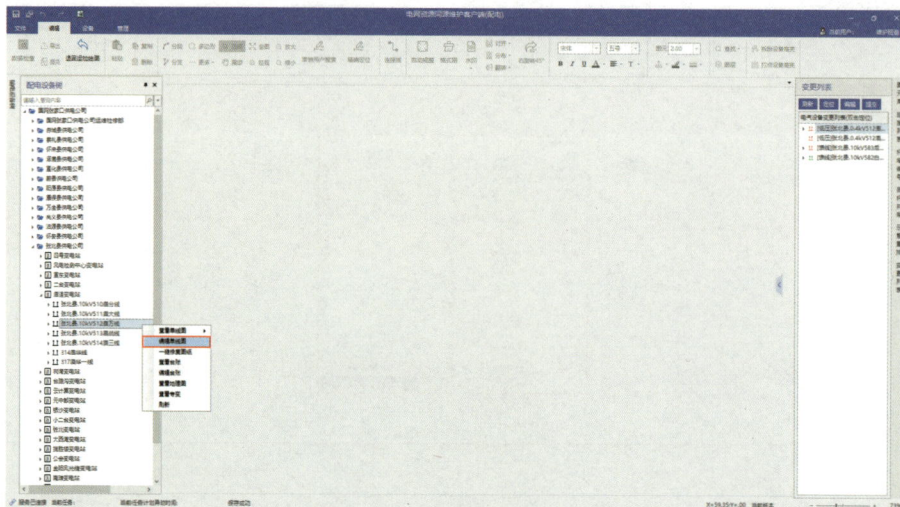

图 4-62　编辑单线图

第二步　打开单线图后，找到该专用变压器对应的中压接入点，右侧图元库中选择对应的设备图元，鼠标变成"+"后，在单线图上对应位置点击鼠标左键，新增"专用变压器"，如图 4-63 所示。

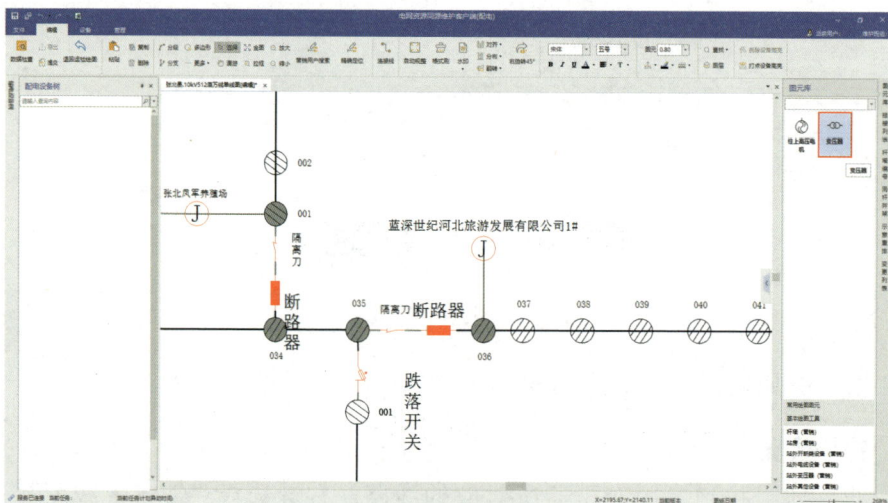

图 4-63　设备图元选择

第三步　输入专用变压器资源 ID，即对应营销侧的变压器 ID，点击"确定"，即可创建成功，将其连接在正确的中压接入点后，如图 4-64、图 4-65 所示。

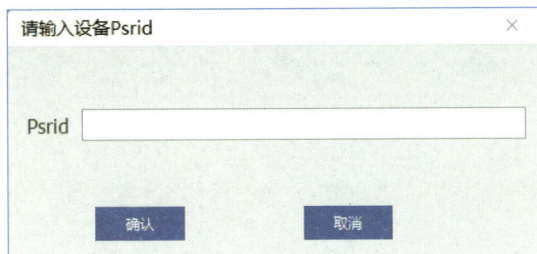

图 4-64　设备 PSRID 输入

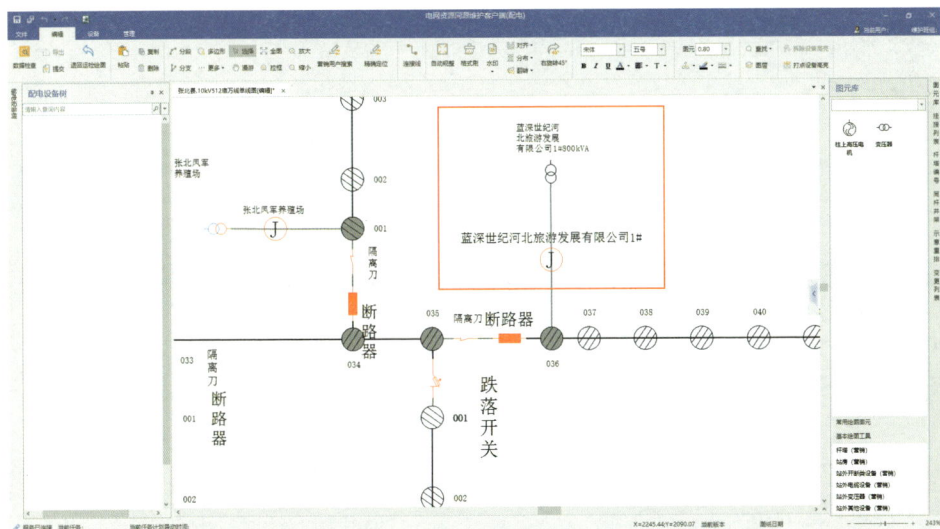

图 4-65　变压器创建成功

◇ 20. 如何补录计量箱？

操作步骤

第一步　找到计量箱所对应的台区，右键选择"编辑台区图"，如图 4-66 所示。

第二步　打开台区图后，找到该表箱对应的低压接入点，右侧图元库中选择对应的设备图元，鼠标变成"+"后，在台区图对应位置点击鼠标左键，新增"计量箱"，如图 4-67 所示。

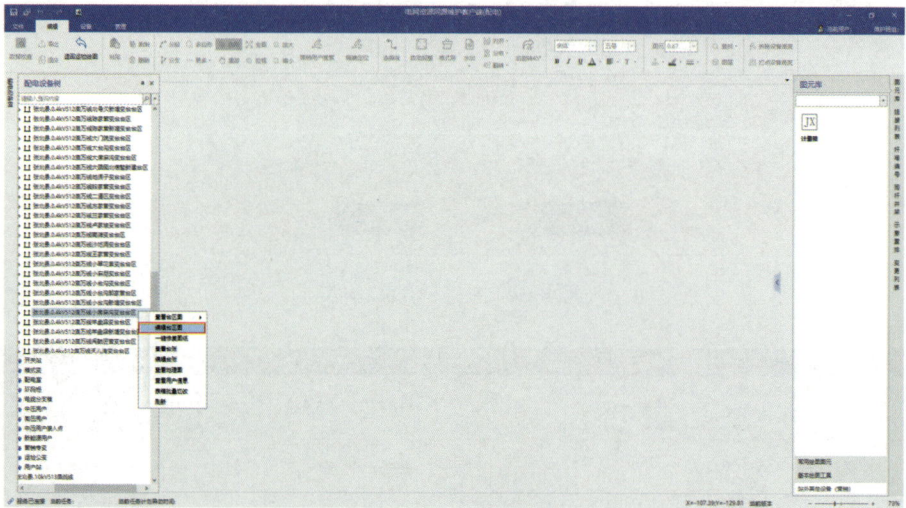

图 4-66　编辑台区图

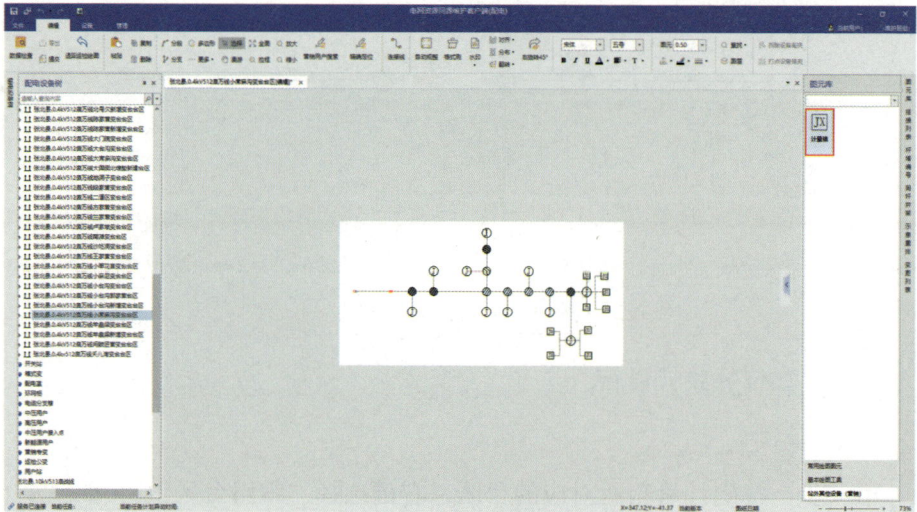

图 4-67　设备图元新增

第三步　输入表箱资源 ID，即对应营销侧的表箱资产编号，点击"确定"即可创建成功，将其连接在正确的低压接入点后，如图 4-68、图 4-69 所示。

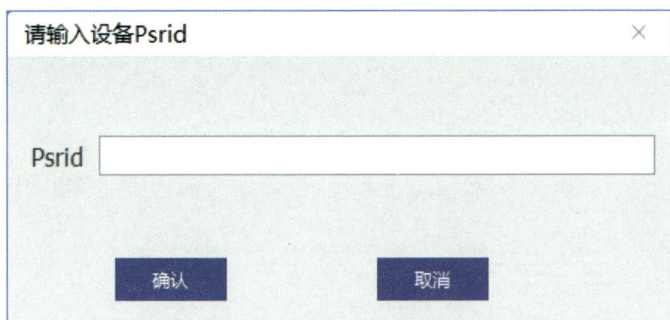

图 4-68 设备 PSRID 输入

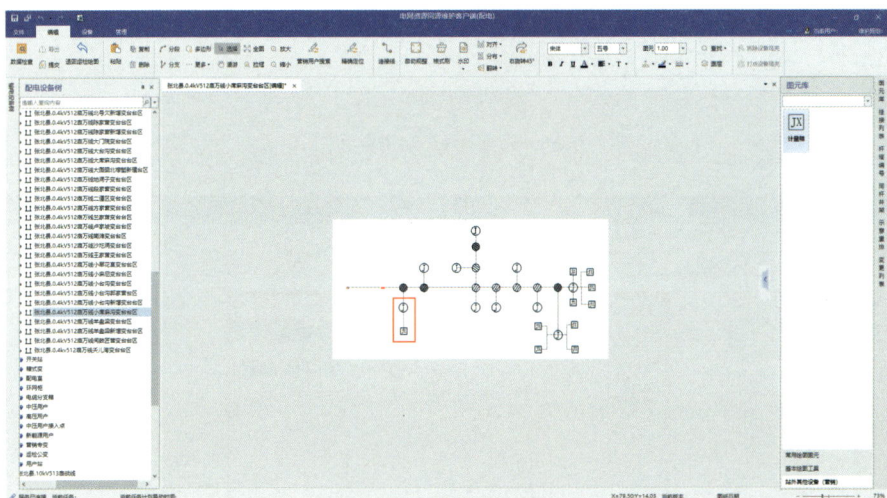

图 4-69 计量箱新增成功

注意事项：此操作流程主要用于业扩报装或计量设备更换等流程不规范引起的错误问题数据治理。

◇ 21. 如何查找表箱所属台区？

操作步骤

第一步 从电网资源管理微应用首页里点击"配电业务—投运转资管理—设备投运—营销数据治理"，创建任务，打开图形客户端。

第二步 打开图形客户端，选择一条馈线/低压台区/站房，右键选择"查看单线图/台区图/站内图"，待同源维护客户端菜单栏由灰色变成白色时，点击"营销用户搜索"，将表箱资源 ID 输入，点击"查询—定位图形"，即可查看同源图形中表箱所属台区，如图 4-70、图 4-71 所示。

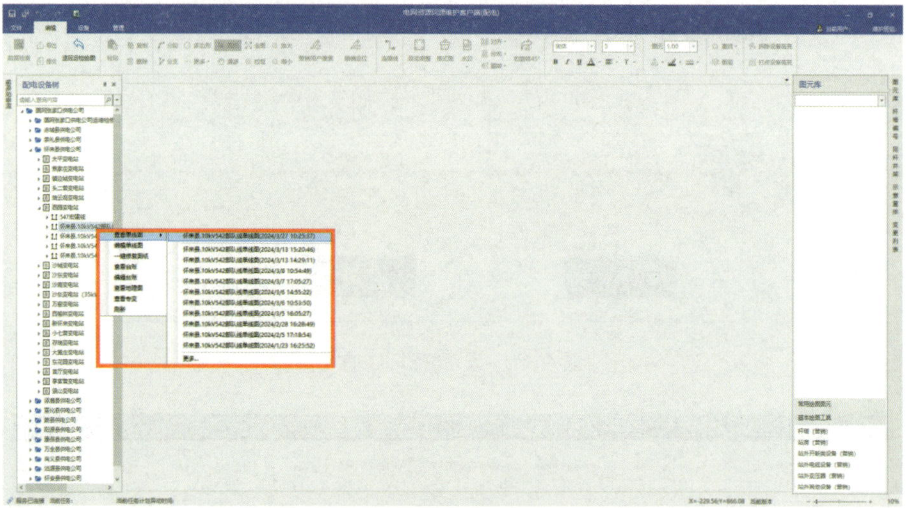

图 4-70　客户端主界面

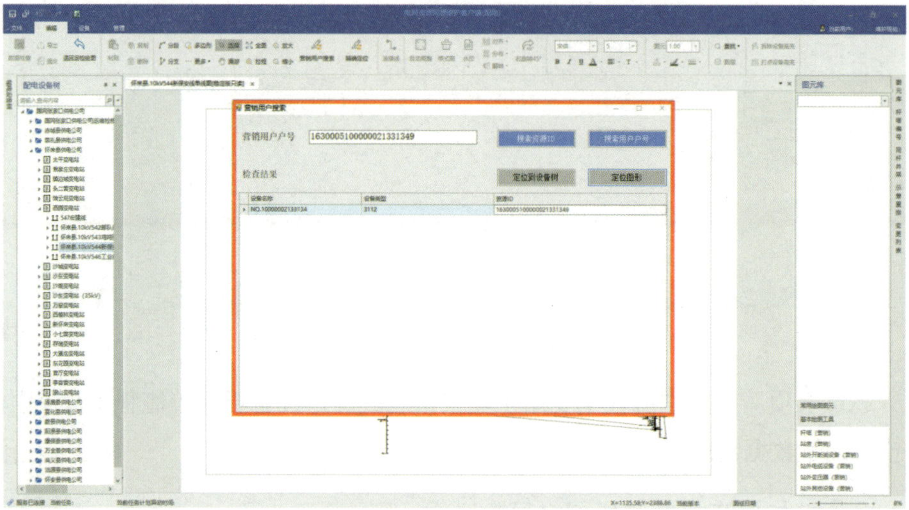

图 4-71　营销用户搜索

◇ 22. 如何进行营销设备切改操作？

（1）营销专用变压器切改流程。

操作步骤

第一步　找到需要专用变压器切改出的 A 线路和需要专用变压器切改入的 B 线路，右键点击"编辑单线图"，如图 4-72、图 4-73 所示。

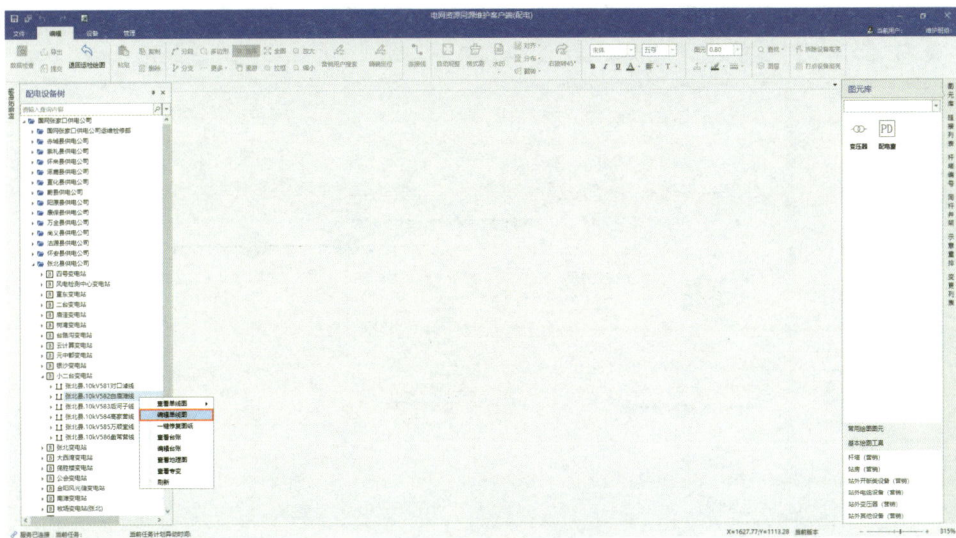

图 4-72　编辑 A 线路单线图

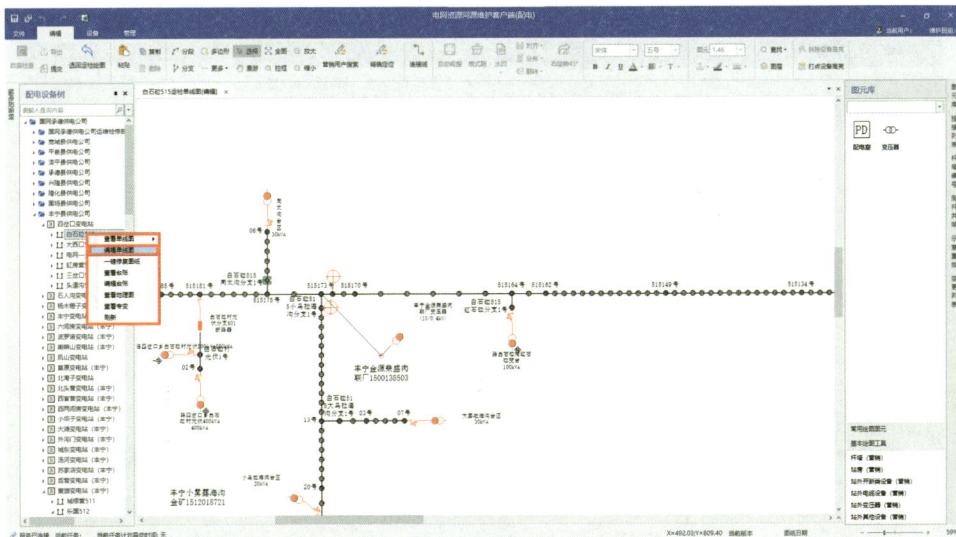

图 4-73　编辑 B 线路单线图

　　第二步　在"A 线路单线图"中找到需要切改出的专用变压器，先断开该变压器和中压接入点的关系，如图 4-74 所示。

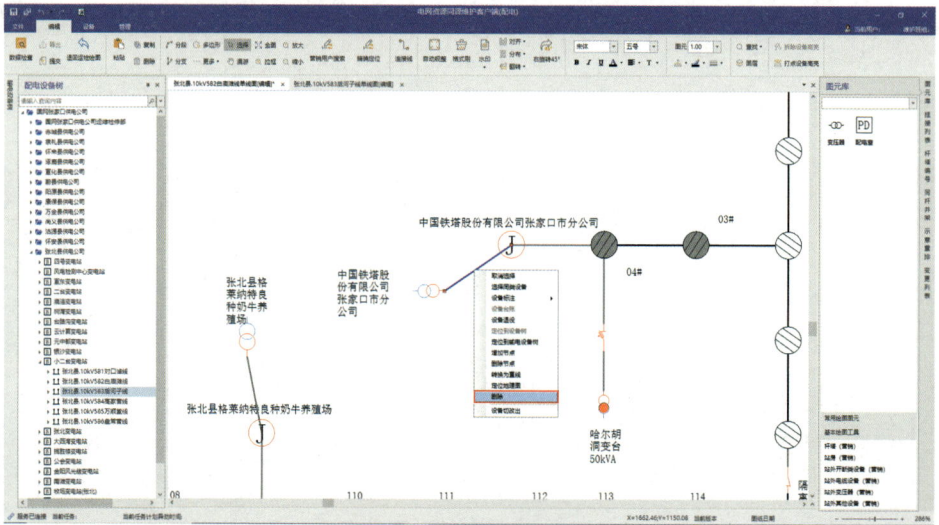

图 4-74　断开拓扑连接

第三步　选中该变压器，右键选择"设备切改出"，如图 4-75 所示。

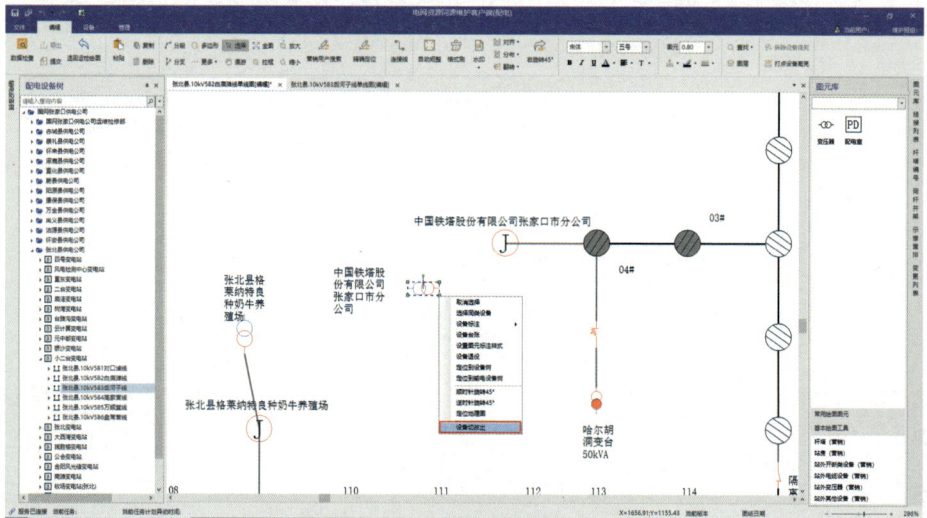

图 4-75　设备切改出

第四步　切换到"B 线路单线图"，右键选择"设备切改入"，确认切改操作后，被切改设备会在当前图纸上跟随鼠标以阴影显示，鼠标选择合适的位置后，单击左键确认，如图 4-76 所示。

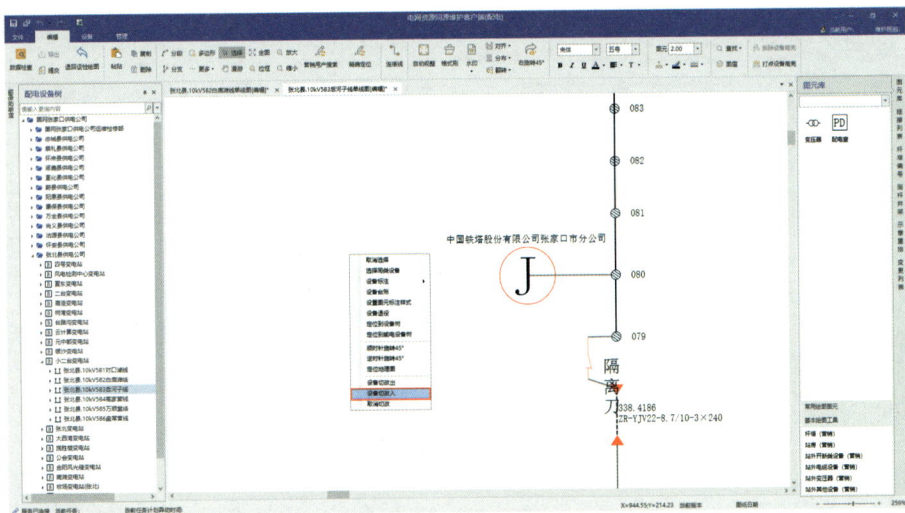

图 4-76　设备切改入

第五步　选择菜单栏中"连接线"将切改入的专用变压器与正确的中压接入点进行连接，如图 4-77、图 4-78 所示。

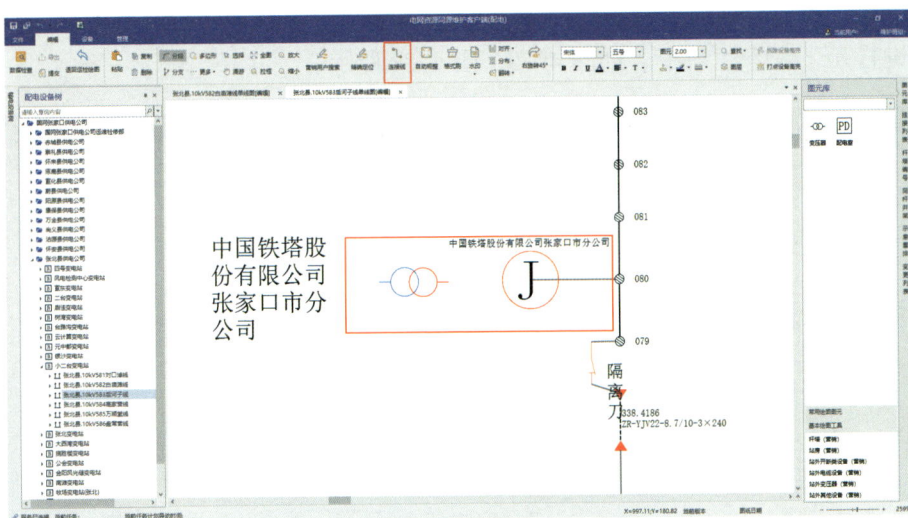

图 4-77　连接设备

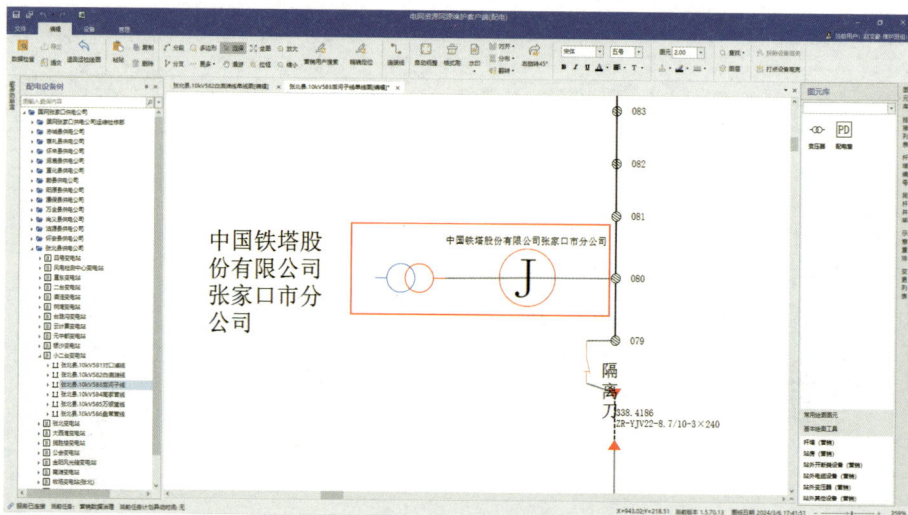

图 4-78　切改完成

（2）计量箱切改。

操作步骤

第一步　找到需要计量箱切改出的 A 台区和需要计量箱切改入的 B 台区，右键打开"编辑台区图"，如图 4-79、图 4-80 所示。

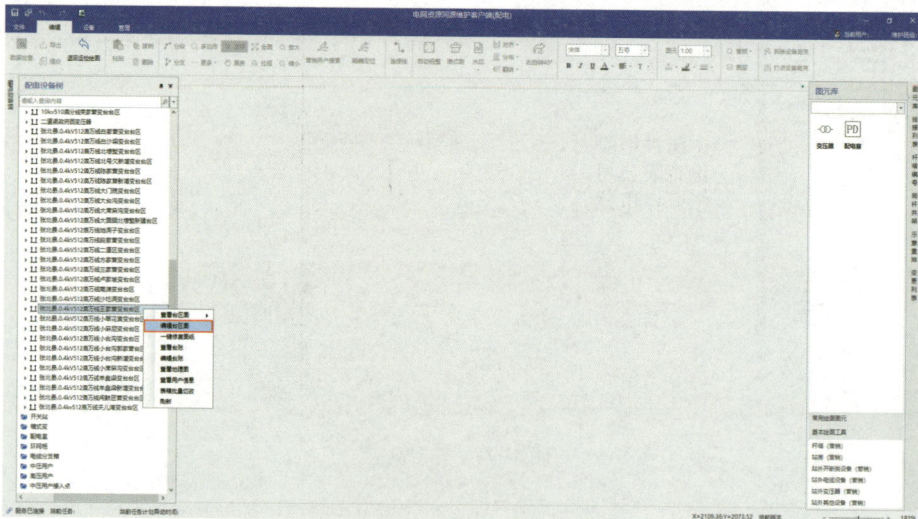

图 4-79　编辑 A 台区图

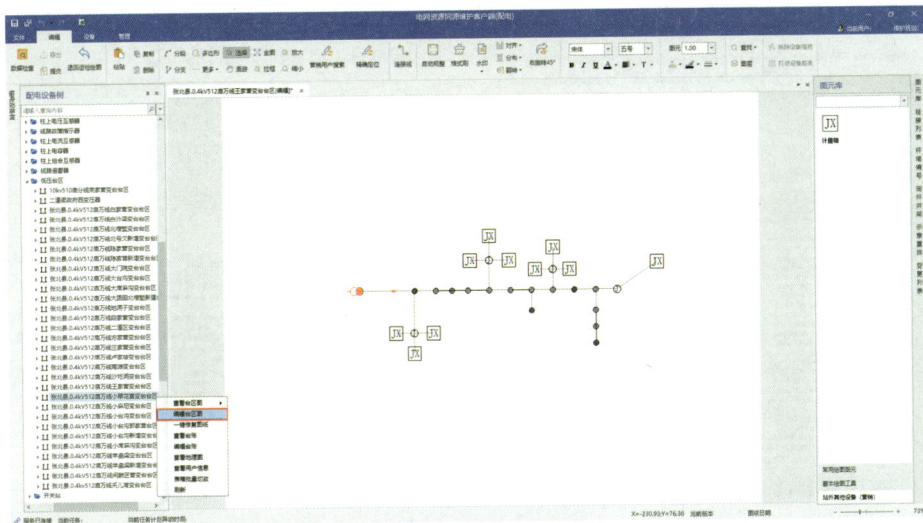

图 4-80　编辑 B 台区图

第二步　删除需要切改出计量箱和低压接入点之间的连接线，如图 4-81 所示。

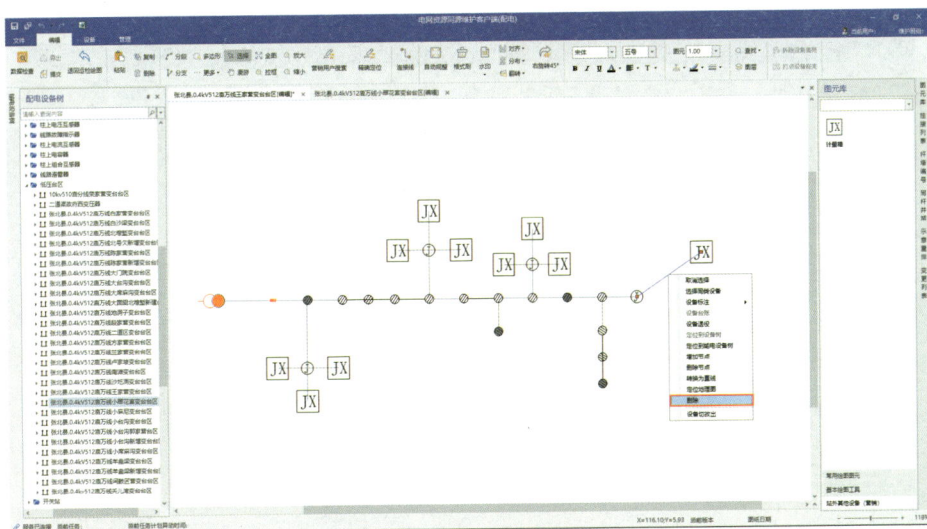

图 4-81　断开拓扑连接

第三步　在台区图上选择需要切改出的计量箱，右键选择"设备切改出"，如图 4-82 所示。

128

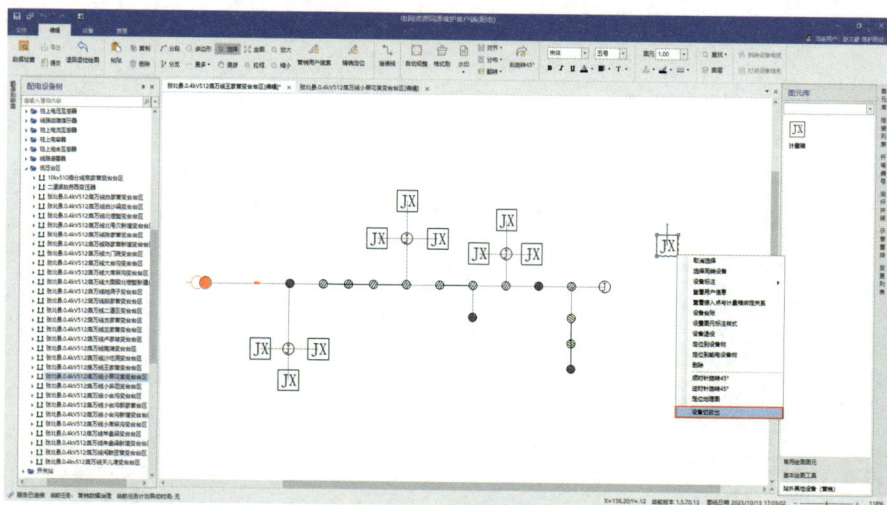

图 4-82　设备切改出

　　第四步　打开需要计量箱切改入的台区图，右键"设备切改入"，确认切改操作后，被切改设备会在当前图纸上跟随鼠标以阴影显示，鼠标选择合适的位置后，单击左键确认，如图 4-83 所示。

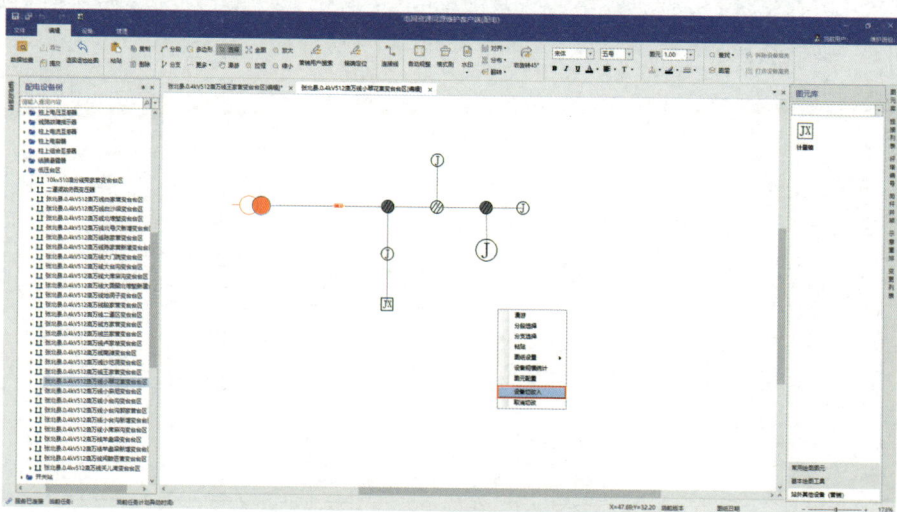

图 4-83　设备切改入

　　第五步　选择菜单栏中"连接线"将切改入的计量箱与正确的低压接入点进行连接，如图 4-84、图 4-85 所示。

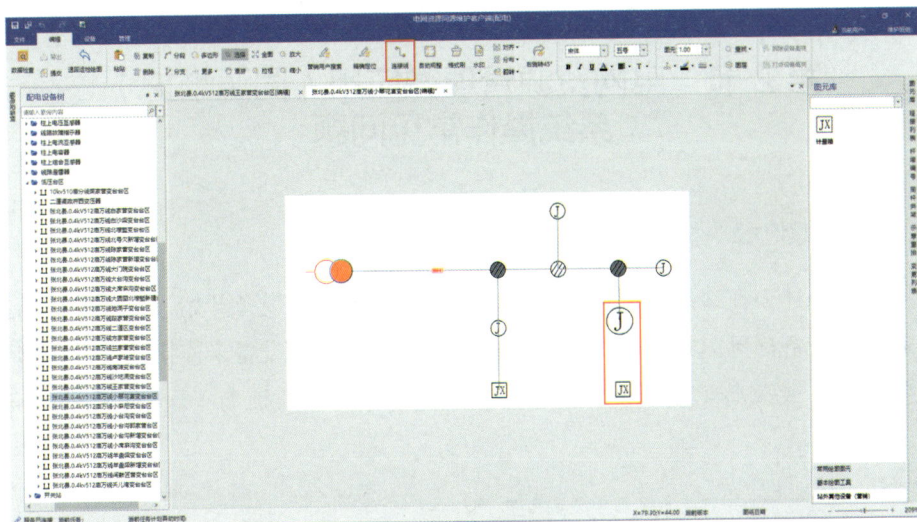

图 4-84　连接设备

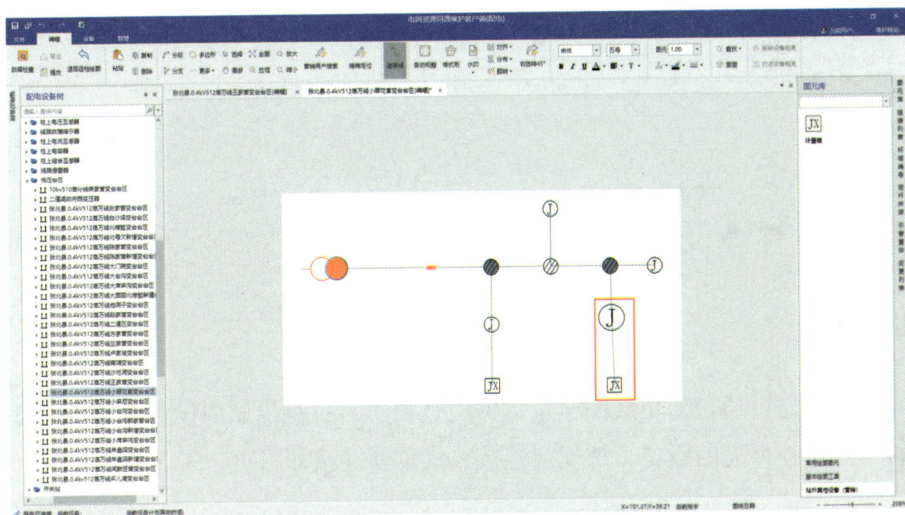

图 4-85　切改完成

注意事项　当线路上的设备需要进行调整时，需要在系统中对线路的单线图进行切改。在系统中需要将一张线路图纸中设备的图形切改至另一张线路图纸中，切改操作后，切改涉及到的 2 条线路都需进行数据检查，以保证数据符合系统规范性要求。

第2节　电网资源管理微应用（同源维护）系统操作常见问题

◇ 1. 如何解决拓扑孤岛问题?

问题描述　在线路范围内的所有设备，从线路起点设备开始，都要保持拓扑连通性，设备都可以找到上级电源，不允许存在孤立（设备未连接任何设备即为拓扑孤立）或孤岛（多个设备未连接任何设备即为拓扑孤岛）设备，如图4-86所示。

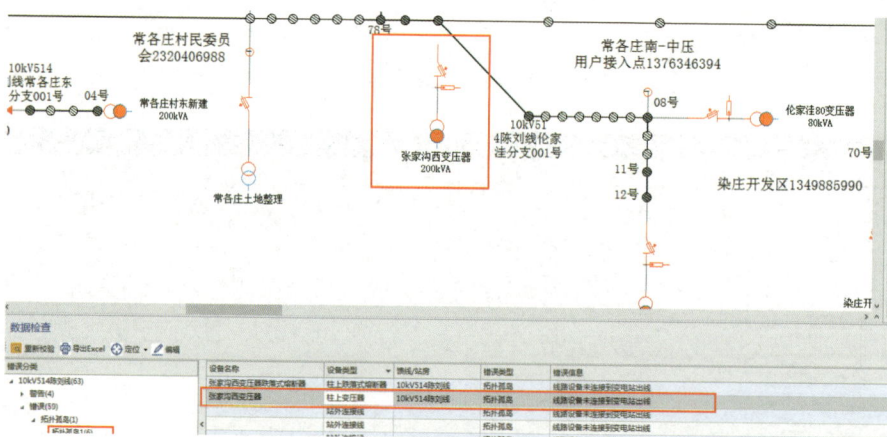

图 4-86　数据检查报错界面

处理方法　通过对单线图全量数据检查校验，校验出站内设备、站外设备未连接导致拓扑孤岛的设备，按规定连接方式重新连接即可。

◇ 2. 如何解决设备图数不一致中的设备有图无数问题?

问题描述　设备图形存在，但对应台账丢失，在同源维护客户端进行数据检查时，会被校验出设备有图形但无所对应台账信息，如图4-87、图4-88所示。

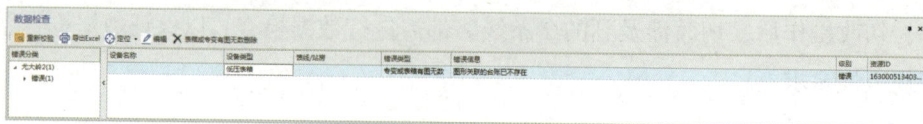

图 4-87　表箱或专用变压器有图无数删除

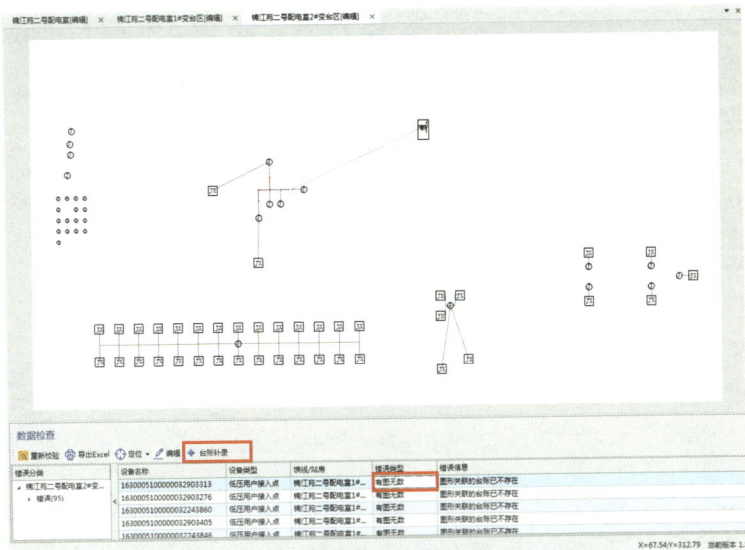

图 4-88　台账补录

处理方法　通过数据检查错误报告界面顶部的"表箱或专用变压器有图无数删除"按钮或"台账一键补录"按钮，将有图无数设备图形删除或补录有图无数设备台账信息。

◇ 3. 如何解决设备图数不一致中的设备有数无图问题？

问题描述　在同源维护客户端进行数据检查时，设备台账信息存在于图纸中，但对应图形不存在，会校验设备有台账但无所对应图形信息，如图 4-89 所示。

图 4-89　有数无图退役

处理方法　通过数据检查错误报告界面顶部的"有数无图补录"或"有数无图退役"按钮，将生成有数无图设备的图形信息或退役有数无图设备的图形信息。

◇ 4. 如何解决地理图生成失败问题？

问题描述　在通过数据检查之后，生成地理图时显示"地理图加载失败"或"地理图一直处于加载中"，如图 4-90 所示。

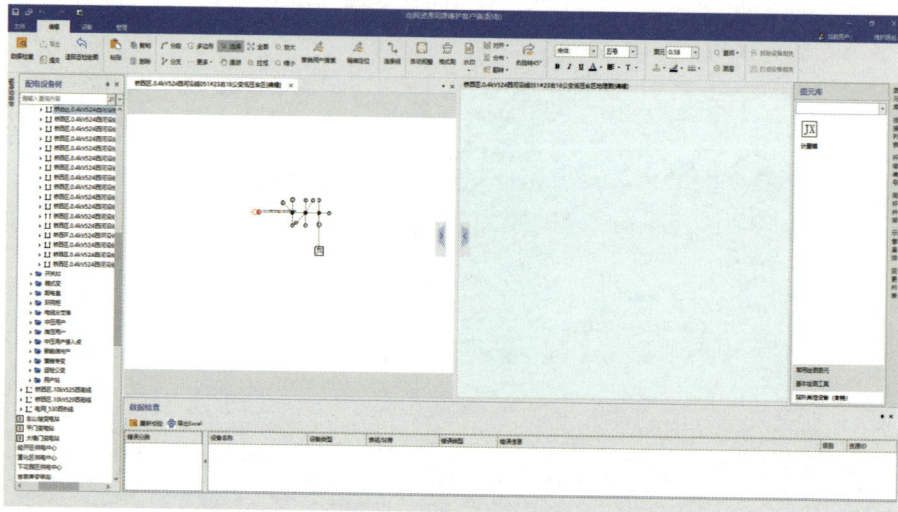

图 4-90　地理图加载中

处理方法　点击地理图空白处，按"F5"刷新即可（如多次刷新仍不能加载出地理图，可异动单线图设备坐标再次进行数据检查重新载入）。

◇ 5. 如何解决同台区的专用变压器不允许在不同的馈线下问题？

问题描述　在同源维护进行双电源站房绘制操作时，未严格按照现场实际情况进行图形绘制，造成同一个馈线下的专用变压器分别属于不同的馈线，如图4-91 所示。

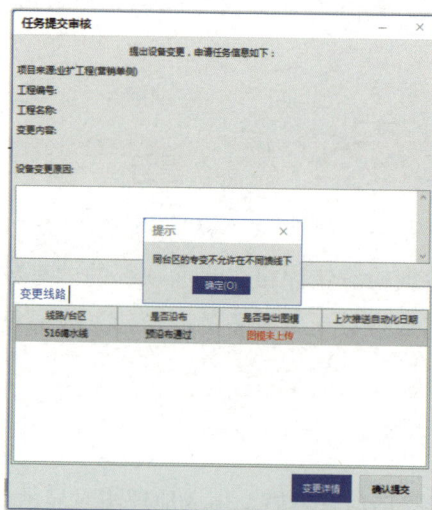

图 4-91　操作提示

处理方法　在右侧挂接列表双击设备，定位所在的馈线，将设备切改到正确的馈线上；如果设备都在正确的馈线下，将双电源站房所在的两条线路都重新进行数据检查即可。

◇ 6. 如何解决同台区的表箱在不同台区下？

问题描述　在同源维护进行低压表箱设备切改操作时，未严格按照现场表箱实际挂接情况做设备切改操作，导致同一个台区下的低压表箱切改到不同的台区中，如图 4-92 所示。

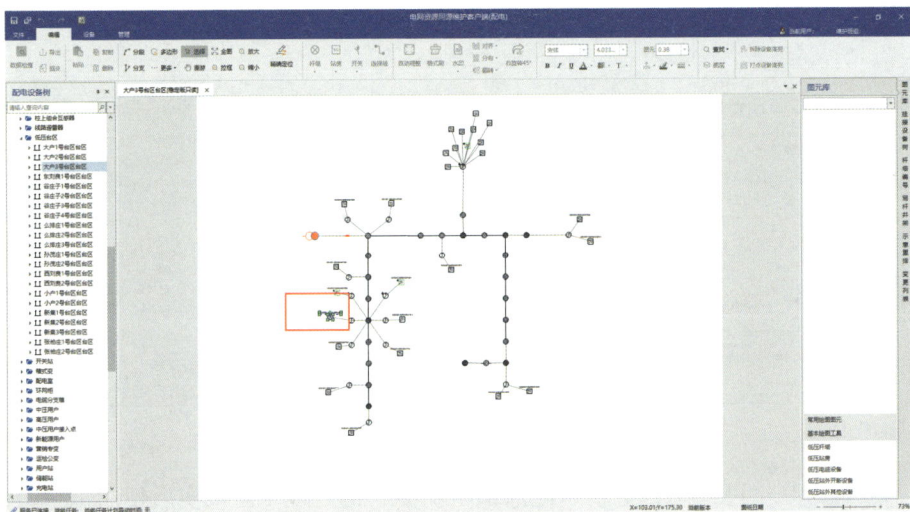

图 4-92　图形绘制

处理方法　在右侧挂接列表双击设备，定位所在的台区，将设备切改到正确的台区上。

◇ 7. 如何解决图纸被营销已办结工单锁图问题？

问题描述　由于业扩工单"空间拓扑维护"环节未办结导致单线图被该工单锁定，无法编辑，如图 4-93 所示。

图 4-93　工单锁图

处理方法 查询锁图工单办结当日的"log 日志"，可在安装目录下 ▸ GraphEditor ▸ Log 查到，打开此 log 日志定位锁图工单的"主申请编号"查询到传入参数 webshell 开头的链接，复制此链接到谷歌浏览器打开，通过数据检查，提交工单。

◇ 8. 如何解决该设备营配标识错误问题？

问题描述 运检人员、营销人员在同源维护完成图形绘制操作后，进行数据检查时，提示运检侧设备不允许有营销标识、营销侧设备不允许有运检标识，如图 4-94、图 4-95 所示。

图 4-94 运检侧设备不允许有营销标识

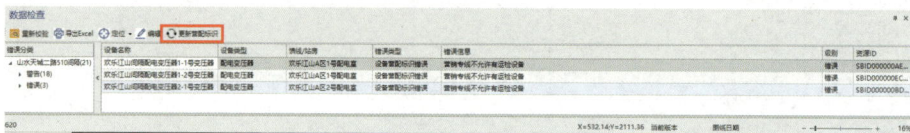

图 4-95 营销侧设备不允许有运检标识

处理方法 可使用"更新营配标识"功能一键处理（需核实后使用）。

◇ 9. 如何解决可靠性分段—设备字段长度不规范问题？

问题描述 由于用户总容量的字段长度超过设定要求，导致在数据检查时提示设备字段长度不规范，如图 4-96 所示。

图 4-96 设备字段长度不规范

处理方法 双击定位设备，选择中压用户接入点，右键"批量维护台账"，将中压用户接入点中"容量"字段值按照实际情况修改即可。

◇ 10. 如何解决存在新投设备尚未挂接问题？

问题描述　由于营销侧新投运设备尚未挂接，导致工单无法正常提交，如图 4-97 所示。

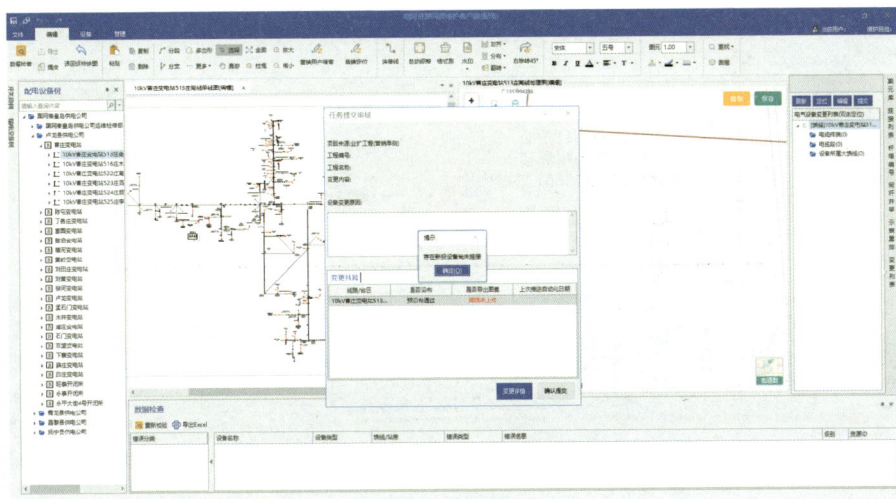

图 4-97　操作提示

处理方法　在右侧挂接列表根据营销推送的对应档案在单线图上绘制相应图元，绘制完成后通过数据检查再提交工单。

◇ 11. 如何解决电缆设备长度、字段超过设定要求？

问题描述　由于电缆设备长度的字段超过设定要求，导致在数据检查时校验出错误，如图 4-98 所示。

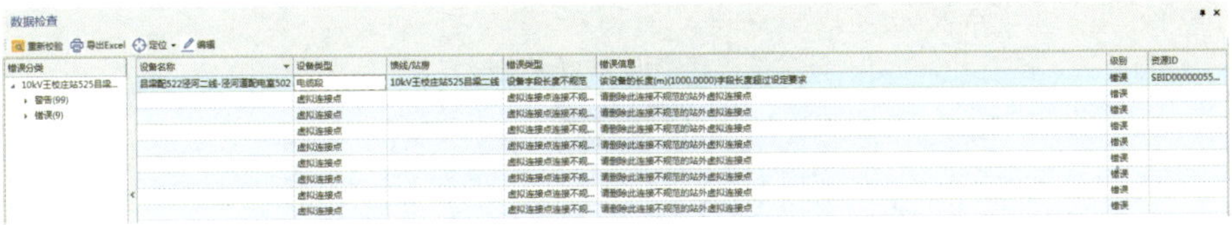

图 4-98　电缆段长度不规范

处理方法　电缆在台账中长度超过 1000m，根据电缆"参考长度"维护"长度"字段，定位电缆设备，选择合适距离添加电缆中间接头即可。

◇ **12. 如何解决开关不该设置为联络或站外设备未切改至对侧问题？**

问题描述　联络开关和隔离开关作用同时设置为联络导致，如图 4-99 所示。

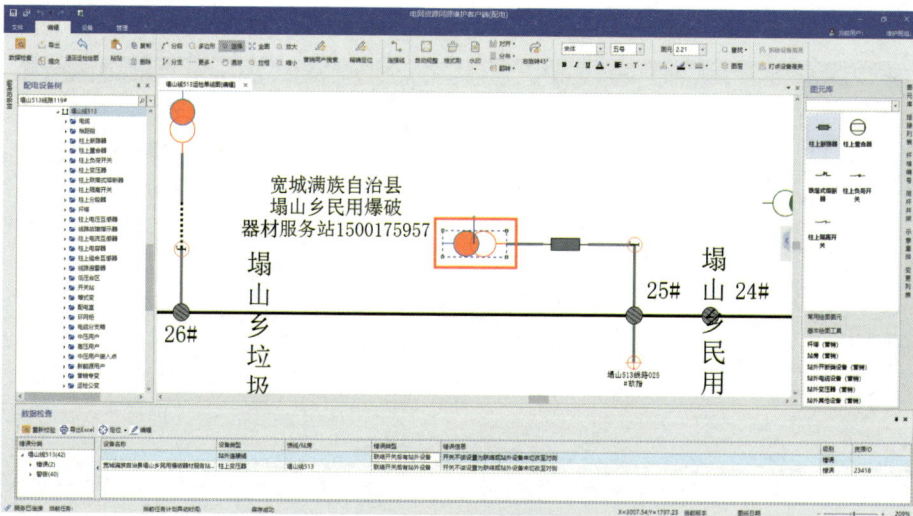

图 4-99　数据检查报错

处理方法　确认实际联络开关情况，并将上图中隔离开关作用设置为其他。

◇ **13. 如何解决开关锚点连接错误问题？**

问题描述　在同源维护进行图形绘制操作时，联络开关与上级设备连接至同一个连接点，在设置联络示意时，会提示"开关锚点连接错误，请更改连接方式"，如图 4-100 所示。

图 4-100　操作提示

处理方法　将新建断路器（联络开关）反向连接后，再设置联络示意即可。

◇ **14. 如何解决设备名称为空问题？**

问题描述　该设备在维护时未维护设备名称，仅维护设备 ID 字段，造成变压器有设备 ID 无设备名称，如图 4-101 所示。

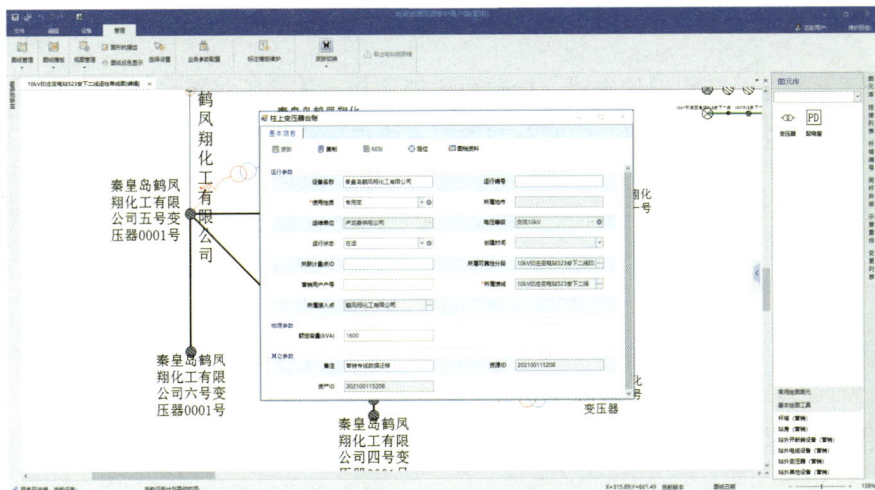

图 4-101　台账查看

处理方法　在同源系统中定位该设备，右键选择设备台账，完善设备名称即可。

◇ 15. 如何解决接入点前不应有专用变压器问题？

问题描述　由于专用变压器与运检杆塔直连，中间无中压接入点，导致数据检查时被校验出错误，如图 4-102 所示。

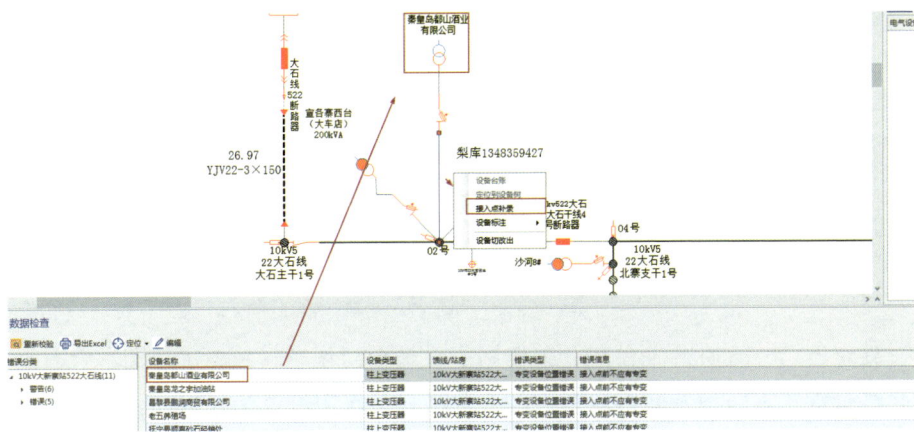

图 4-102　接入点前不应有专用变压器

处理方法　定位营销设备，选中与运检设备相连的连接线，右键进行接入点补录。

◇ 16. 如何解决图形连接不规范问题?

问题描述 在数据检查时,检验出虚拟连接点连接不规范错误,是由于站外连接线与站外设备连接时,中间存在虚拟连接点导致,如图 4-103 所示。

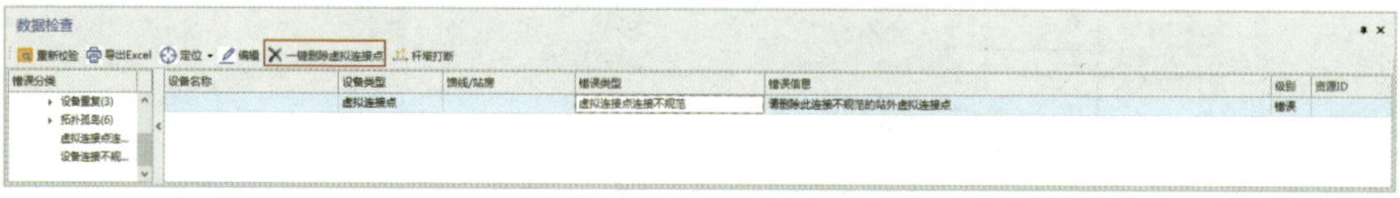

图 4-103 虚拟连接点不规范

处理方法 可使用一键处理功能,也可点击定位删除虚拟接入点;需手动处理的则定位虚拟连接点位置按 Delete 键删除,再根据正确的电气连接规则进行连接。

◇ 17. 如何解决联络开关设置错误或缺少联络示意问题?

问题描述 联络开关设置错误或缺少联络示意,如图 4-104 所示。

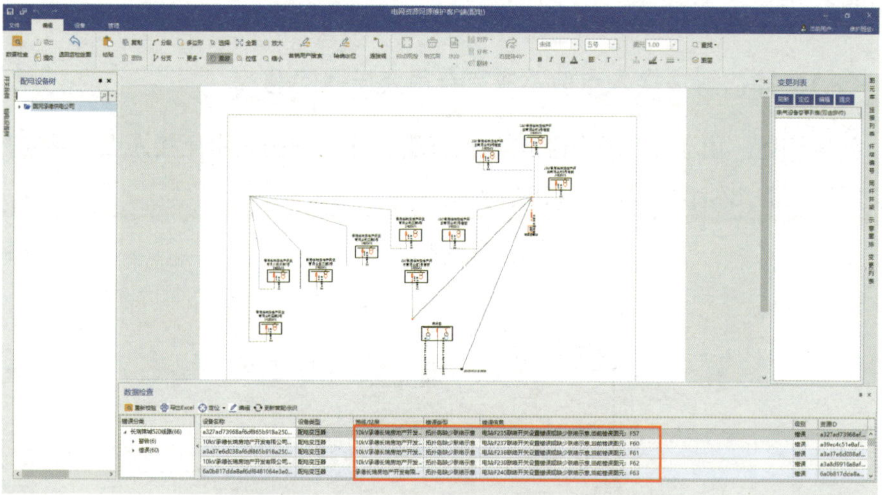

图 4-104 联络开关设置

处理方法 查看开关台账开关作用字段是否与现场一致;定位图形查看是否有联络示意,重新设置联络示意,需将台账开关作用设置为联络。

◇ 18. 如何解决营销 2.0 系统内有、同源系统无对应计量箱问题?

问题描述 此类问题是指营销 2.0 系统中的计量箱档案关系正常有效,但在同源系统无对应的计量箱图形。

问题原因 1　业扩报表低压新装流程在空间拓扑维护环节未绘制计量箱图形。

问题原因 2　同源系统中操作人员误删图形。

处理方法　通过同源系统定位变压器找到低压台区，依次点击"图元库—常用基本图元—计量箱"，核实现场位置，并在正确位置绘制计量箱。

●●●● 第 3 节　电网一张图常见问题及处理方法 ●●●● 139

◇ 1. 什么是电网一张图数据治理?

电网一张图是新型电力系统下，电网数字化转型的重要突破，是企业级优化管理和精准决策的重要支撑部分。在开展电网一张图构建和展示应用过程中，发现了较多的电网数据质量问题，主要包括图形不完整、坐标不准确、拓扑不连通、图形拓扑不一致、异常飞线、柱上设备布局不规范、站内接线绘制不美观、内外部连接混乱等问题。针对这些数据问题，协助开展数据治理工作。

◇ 2. 如何解决设备有数无图问题?

问题描述　在电网一张图中只有台账，没有图形的设备。

处理方法

第一步　以容器（变电站）为单位，在同源维护发起数据异动流程；在全设备树定位到对应容器，右键选择"编辑一次图"，打开编辑版图纸，进行"数据检查"操作，如图 4-105 所示。

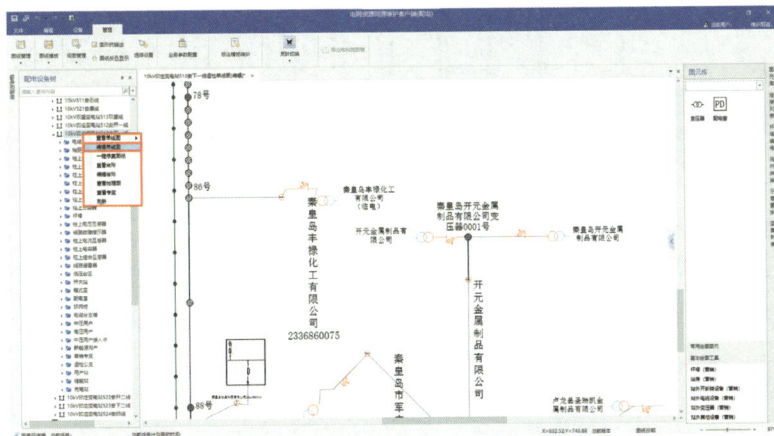

图 4-105　打开编辑版图纸、数据检查

第二步　如果数据检查有报错，查看错误数据清单，确认是否存在与一张图核查工具同样的"有数无图"问题，如图 4-106 所示。

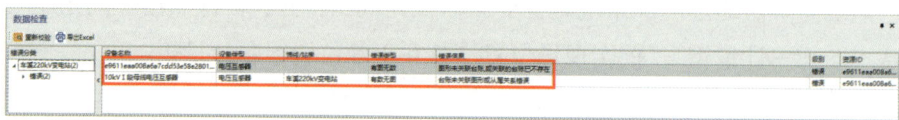

图 4-106　确认有数无图问题

（1）如果存在相同问题，确认报错的数据是冗余数据还是台账缺少关联的图形，并进行相应处理。

冗余台账数据处理：选中报错数据，在校验栏点击"有数无图退役"。

台账缺少关联的图形：补画设备图元后，选中报错提示，在校验栏点击"图形关联"，如图 4-107、图 4-108 所示。

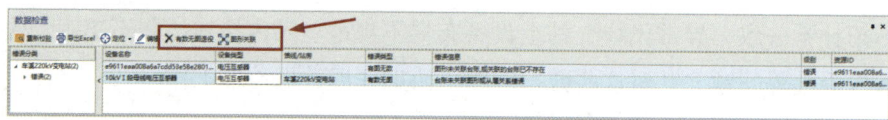

图 4-107　删除冗余台账／图形关联

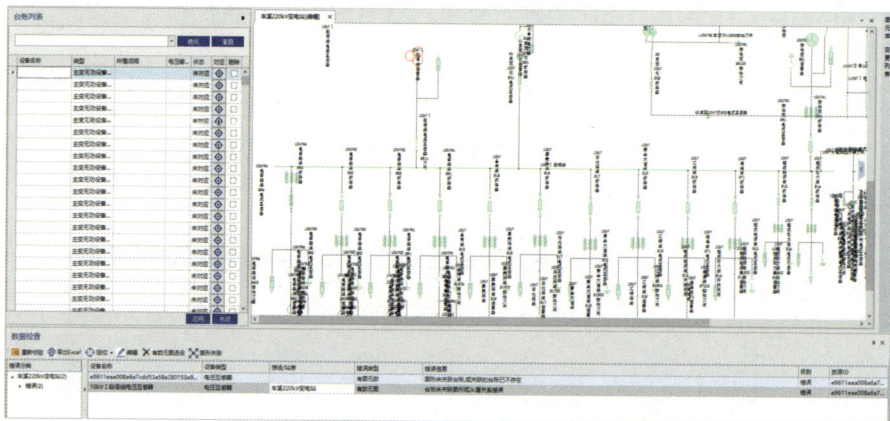

图 4-108　冗余台账／图形关联

（2）如果不存在相同问题，完成数据检查报出的其他问题的处理工作，完成数据检查环节。数据检查的沿布环节会以线路为单位更新图形数据，可以补全线路下缺失的图形数据，如图 4-109 所示。

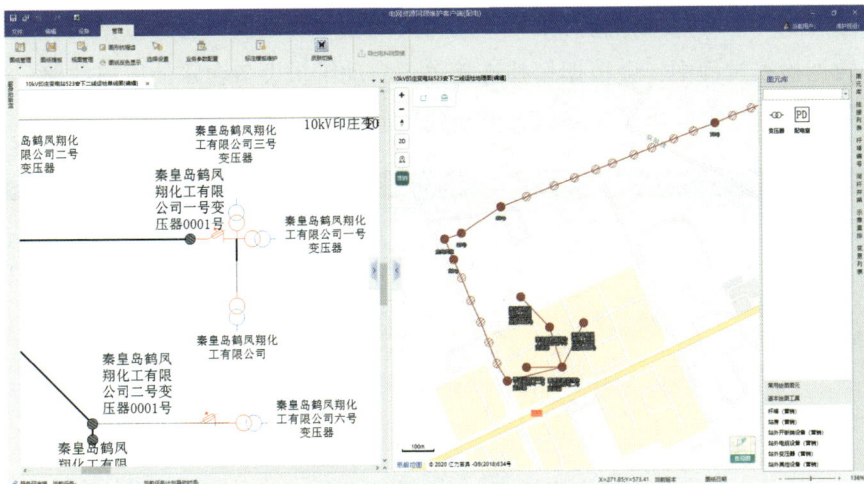

图 4-109   数据检查通过

◇ 3. 如何解决设备图数所属线路不一致的问题？

问题描述　检查设备图形表和资源表的所属容器是否一致，并核实同源侧是否也存在设备图数所属线路不一致的问题。

处理方法

第一步　以馈线为单位，在同源维护发起数据异动流程；在全设备树定位到对应线路，右键选择"编辑单线图"，打开编辑版图纸，进行"数据检查"操作，如图 4-110 所示。

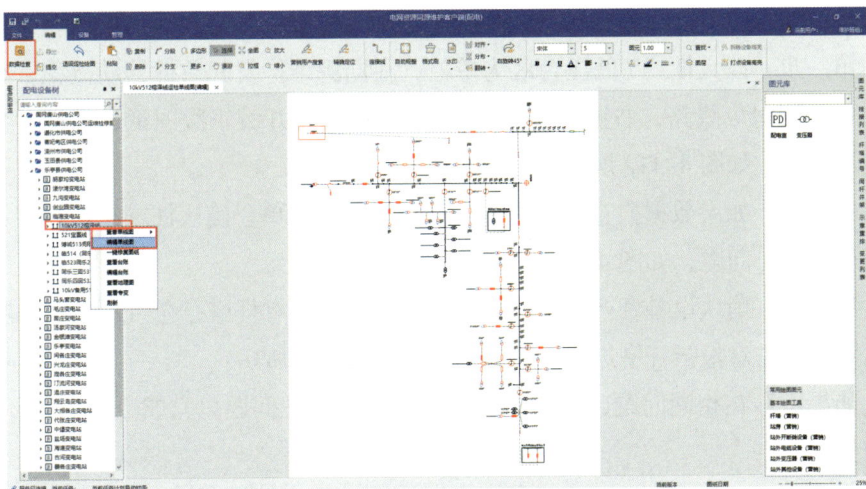

图 4-110   打开编辑版图纸、数据检查

第二步 如果数据检查有报错，则需要处理问题数据，直至数据检查正常通过。数据检查过程中，会根据拓扑连接关系自动维护设备台账的所属线路，并在沿布环节将台账中的所属线路信息更新到图形，如图 4-111 所示。

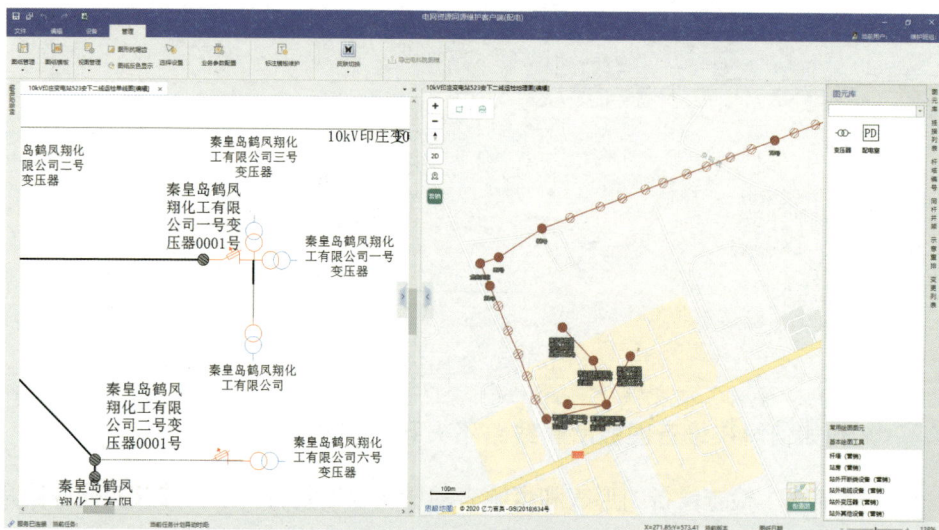

图 4-111 数据检查通过

◇ 4. 如何解决运行杆无物理杆校验问题？

问题描述 在电网一张图中运行杆关联的物理杆无效，即存在物理杆资产缺失问题。

解决方法

第一步 以大馈线 / 低压台区为单位，在同源维护发起数据异动流程；在设备树定位到对应线路，右键选择"编辑单线图"，打开编辑版图纸，进行"数据检查"操作，如图 4-112 所示。

第二步 如果数据检查有报错，查看错误数据清单，确认杆塔是否存在"设备资产缺失"问题，如图 4-113 所示。

第三步 确认设备资产缺失问题。如果数据校验有杆塔存在"设备资产缺失"的问题，则需对报错杆塔进行资产补录，如图 4-114 所示。

如果不存在相同问题，处理数据检查报出的其他问题，完成数据检查环节，提交任务。

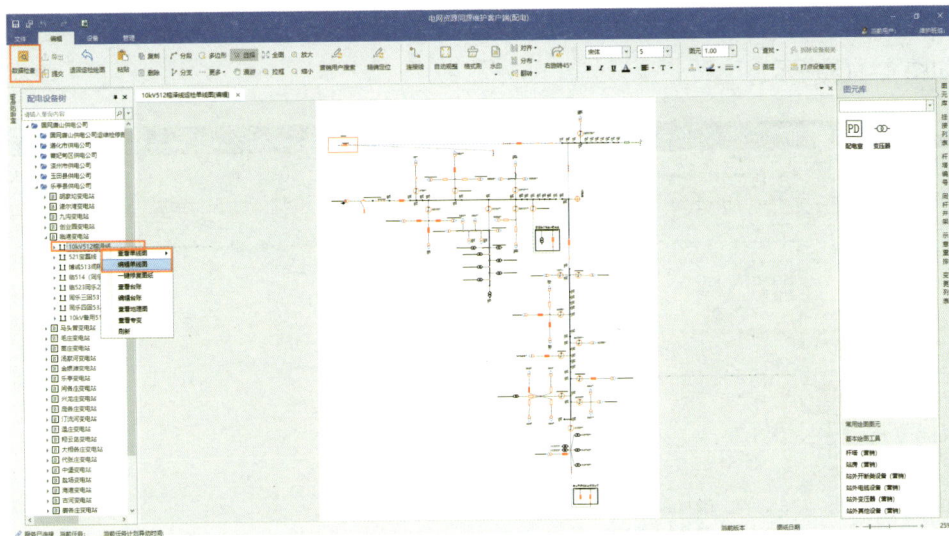

图 4-112　打开单线图

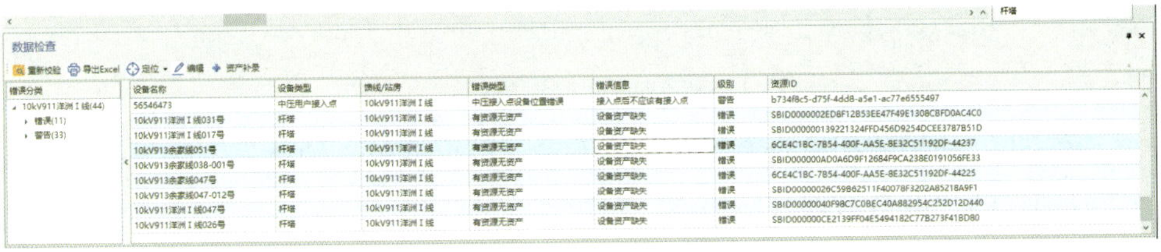

图 4-113　数据检查报错

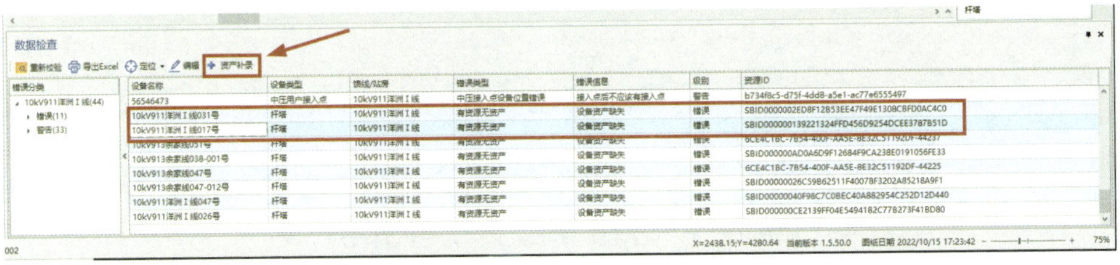

图 4-114　对资产信息缺失的设备进行资产补录

◇ 5. 如何解决地理坐标为空问题？

问题描述　在电网一张图对设备进行校验时，存在设备地理坐标为空的问题。

处理方法

第一步　以线路为单位，在同源维护发起数据异动流程；在全设备树定位到对应线路；右键选择"编辑单线图"，打开编辑版图纸，进行"数据检查"操作，如图 4-115 所示。

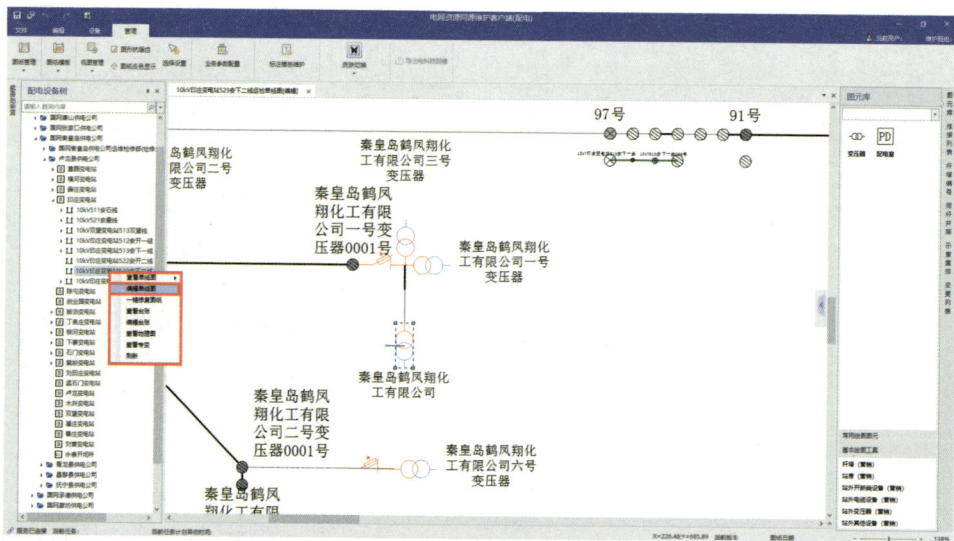

图 4-115　打开单线图

第二步　如果数据检查有报错，查看错误数据清单，确认是否存与一张图核查工具同样的"设备地理坐标为空"问题。

（1）如果存在相同问题，确认报错的数据后对有问题的设备台账进行维护，将设备的地理坐标字段维护正确，如图 4-116 所示。

图 4-116　治理设备地理坐标为空的数据

（2）如果不存在"设备地理坐标为空"问题，治理数据检查报出的其他问题，完成数据检查环节。数据检查的沿布环节会根据台账中的坐标更新图形数据的坐标，处理图形坐标为空问题，并提交任务，如图 4-117 所示。

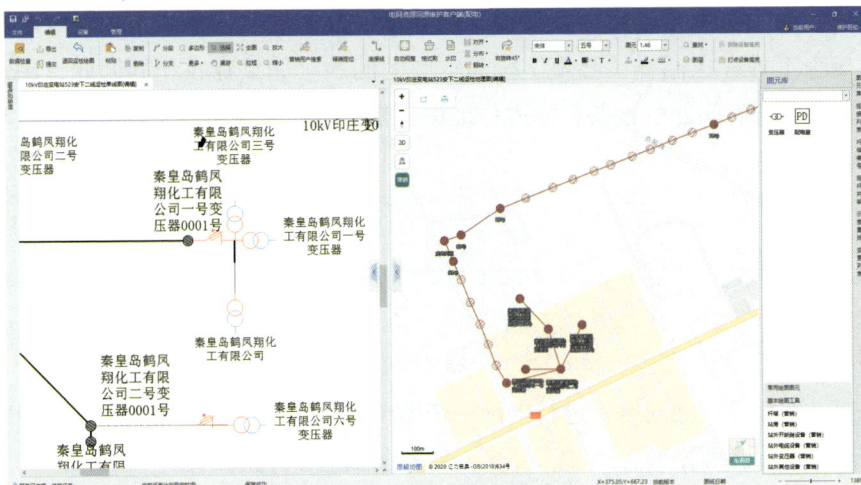

图 4-117 数据检查通过

◇ 6. 如何解决台账关键属性空值问题？

问题描述 在电网一张图中存在台账必填字段为空的设备，造成关键属性空值问题。

处理方法

第一步 以变电站为单位，在同源维护发起数据异动流程，在全设备树定位到对应变电站，右键选择编辑一次图，打开编辑版图纸，进行"数据检查"操作；如图 4-118 所示。

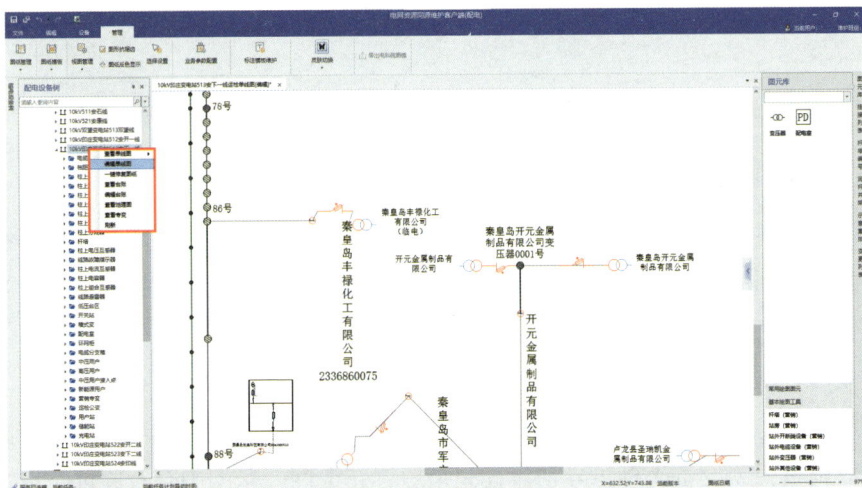

图 4-118 打开单线图

第二步　如果数据检查有报错，查看错误数据清单，确认是否存与电网一张图核查工具存在同样"必填字段为空"的问题。如果存在相同问题，确认报错的数据后对有问题的设备台账进行维护，将设备的必填字段全部维护好，如图4-119所示。

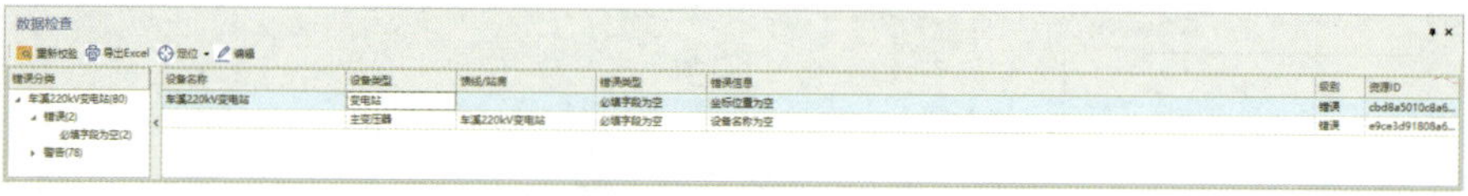

图 4-119　治理必填字段为空的数据

如果不存在相同问题，进行电网一张图校核工具中当前大馈线下其他问题数据的治理，完成数据检查环节，并提交任务，如图4-120所示。

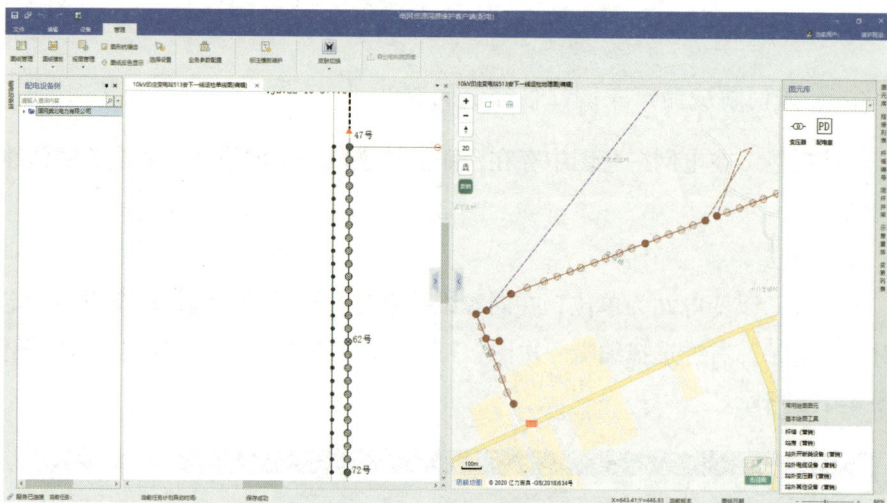

图 4-120　数据检查通过

◇ 7. 如何解决线段超长问题？

问题描述　在电网一张图中存在档距段、电缆段、连接线、超连接线等线段两个拐点之间的长度超过电网一张图校验规则所设置的阈值（如接入点—计量箱之间长度超过 100m）。

处理方法

第一步　通过同源系统发起设备异动变更流程，在数据检查环节的地理图预览页面调整相关设备坐标，异动流程完结后，在电网一张图中查看验证。以大馈线/低压台区为单位，在同源维护发起数据异动流程；设备树定位到对应容器，右键选择"编辑单线图"，打开编辑版图纸，进行"数据检查"操作，如图 4-121 所示。

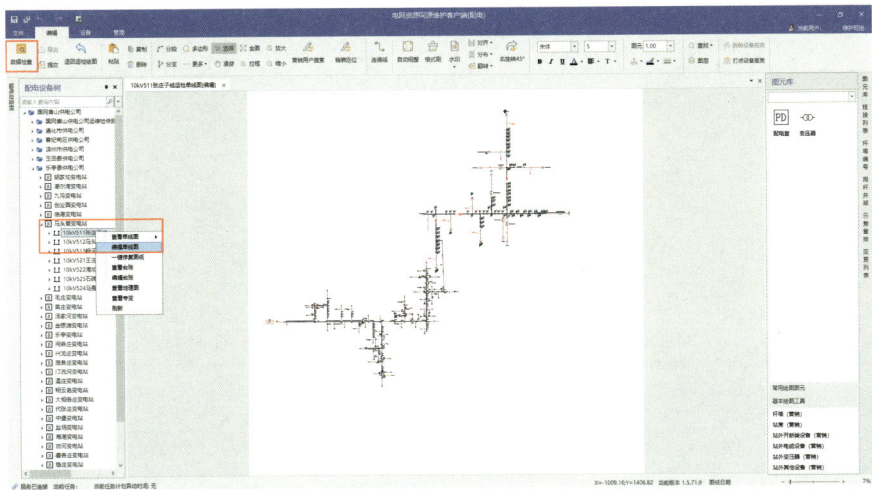

图 4-121　打开单线图

第二步　如果数据检查有报错，治理问题数据，维护好单线图直至数据检查正常通过，如图 4-122 所示。

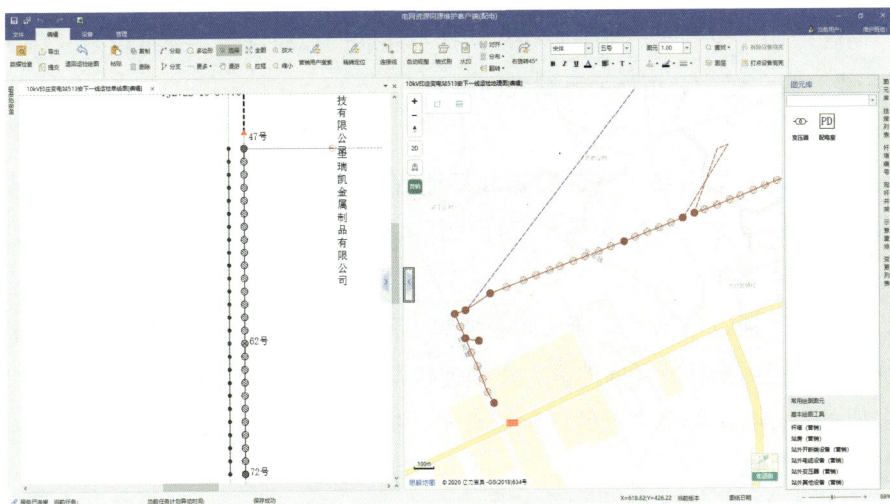

图 4-122　数据检查通过

第三步　在沿布预览页面，通过查看线路地理图，手动更新设备位置，点击沿布预览窗口右上角"保存"按钮，然后重新沿布，确认手动调整结果，如图

4-123 所示。

图 4-123 沿布预览页面调整位置

◇ 8. 如何解决线路拓扑连通性校验问题?

问题描述 在电网一张图中存在拓扑不连通的孤岛设备,导致该条线路缺失"站—线、线—变"等拓扑关系缺失问题。

处理方法

第一步 在同源维护发起数据异动流程;在设备树定位到对应大馈线 / 低压台区,右键选择"编辑单线图 / 台区图",打开编辑版图纸,进行"数据检查"操作,如图 4-124 所示。

第二步 通过数据检查确认问题清单,双击问题清单中"拓扑孤岛"列表,定位图形,找到拓扑断开的地方,正确连接即可,如图 4-125 所示。

如果不存在拓扑孤岛问题,则需点击"提交",重新沿布"馈线 / 低压台区"信息。

提示:若数据检查时报出其他问题,也需按上述方法处理完成后,方可提交任务,完成治理,如图 4-126 所示。

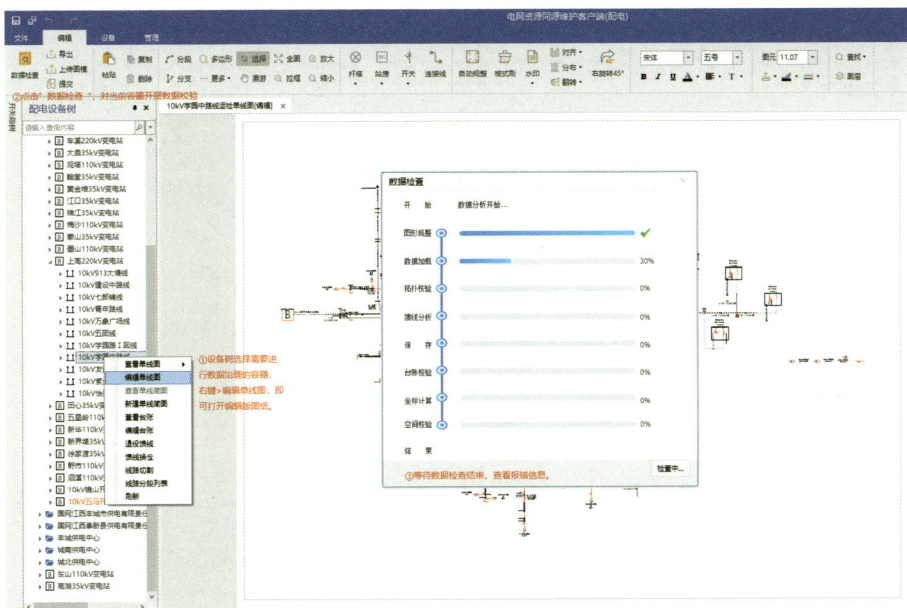

图 4-124　打开单线图

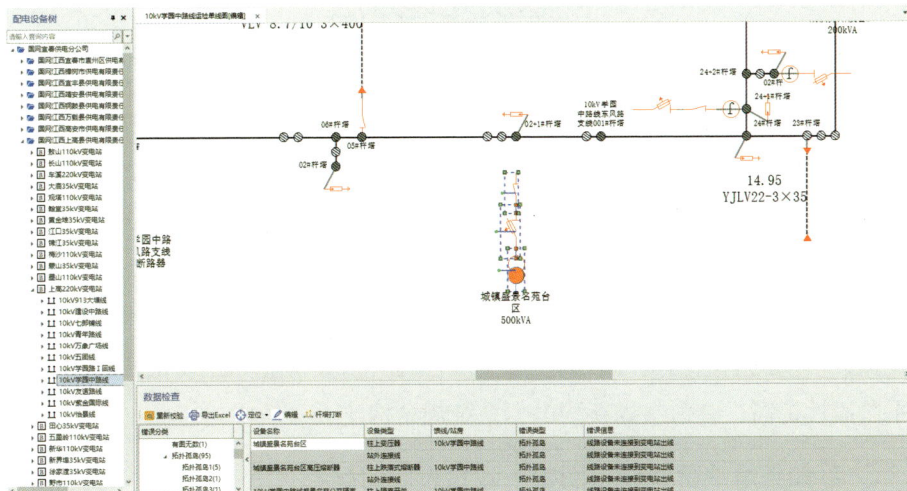

图 4-125　将拓扑孤岛定位到图形

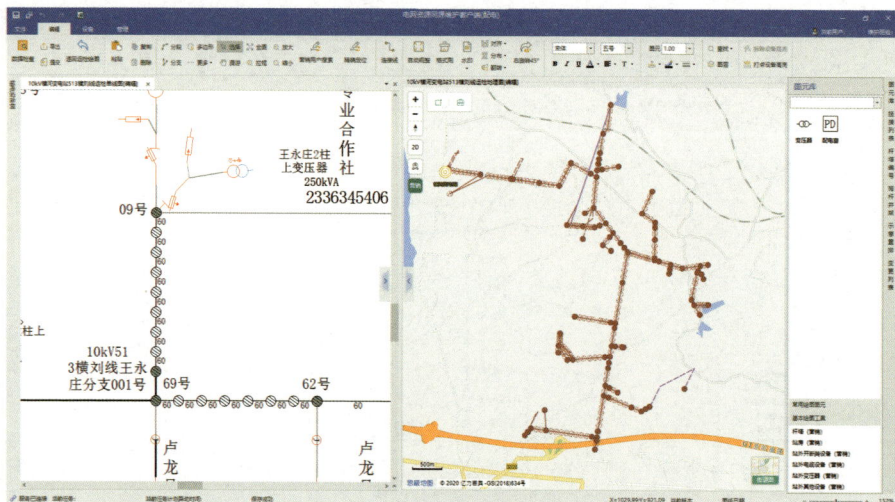

图 4-126　数据检查通过

第4节　网上电网数据治理常见问题及处理方法

◇ 1. 什么是网上电网数据治理？

为更好地发挥网上电网作用，国家电网有限公司结合发展业务实用化和2023年网上电网业务应用技能竞赛，根据当前阶段业务重点，有针对性地开展实用化质量专项提升，重点围绕源网荷储设备档案、拓扑关系、运行数据、统计指标等核查治理，同步集中开展设备统计年报、十四五电网规划等工作，建用结合、以用促治，推动网上电网基础数据质量实质性提升、关键业务在线化开展、实用化水平阶段性提高，有力支撑新型电力系统规划构建。

◇ 2. 如何解决营销设备图数一致性校验问题？

校验规则：根据图形（同源、电网一张图）核查档案，图形找不到对应的档案即为图数不一致。

（1）设备电压等级为空。

问题描述　在营销系统中设备的所属电压等级字段值为空，导致图形和档案数据不一致，如图 4-127 所示。

图 4-127　设备所属电压等级

处理方法　由于在营销 2.0 中无法维护设备档案信息，因此，须在营销 2.0 系统中通过"减容"流程，将该设备进行退役，并将同源系统中对应的的拓扑图形进行删除，然后通过营销"高压新装增容"流程生成新的设备档案信息和拓扑图形信息。

（2）图形和档案设备类型不一致。

问题描述　同源、电网一张图设备类型为配电变压器，营销系统档案类型是高压电动机，如图 4-128 所示。

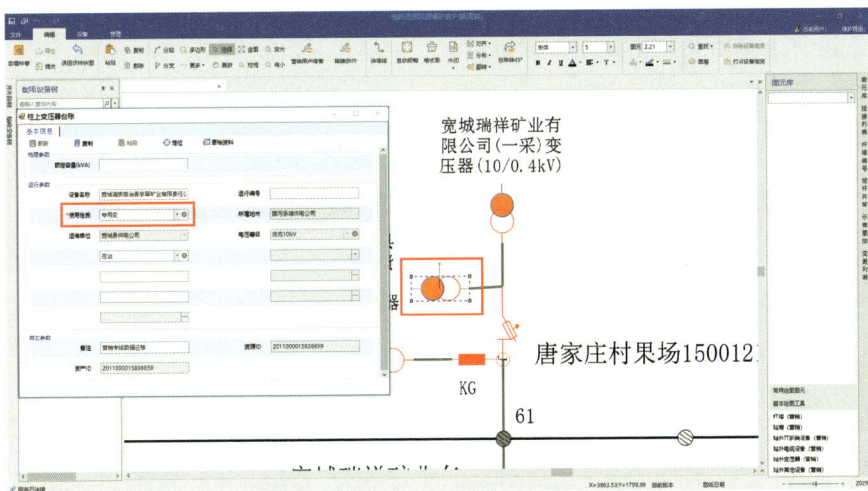

图 4-128　台账查看

处理方法　如果是档案设备类型错误，需在营销 2.0 系统中通过"减容"流程，将该设备进行退役，并将同源系统中对应的拓扑图形进行删除，然后通过营销"高压新装增容"流程生成新的变压器档案信息和拓扑图形信息。如果是图形设备类型错误，可在同源系统修正图形类型为正确的类型。

（3）专用变压器营销无台账，同源有图形。

问题描述　用户专用变压器在同源系统有图形信息，但是营销 2.0 系统无此设备档案，如图 4-129 所示。

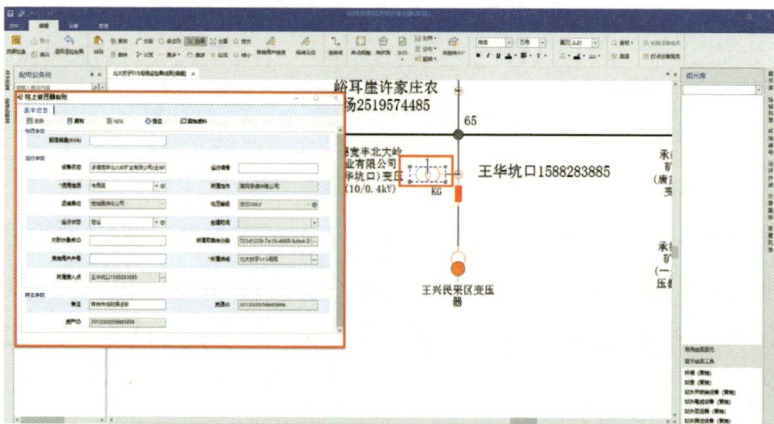

图 4-129　图形查看

处理方法　核实该专用变压器现场是否运行，若已是退役，需在同源系统删除该图形；若运行，需将同源中现有图形删除，并通过营销系统"高压新装增容"流程新建变压器档案及拓扑图形信息。

（4）设备档案信息不完整。

问题描述　营销系统中专用变压器设备档案部分属性缺失，如图 4-130 所示。

图 4-130　设备信息不完整

处理方法 由于在营销 2.0 中无法维护设备档案信息，因此在营销 2.0 系统中通过"减容"流程，将该设备进行退役，并将同源系统中对应的拓扑图形进行删除，然后通过营销"高压新装增容"流程生成新的设备档案信息和拓扑图形信息。

◇ **3. 如何解决用户配电线路图数不一致？**

问题描述 营销系统无线路档案，但同源系统仍存在图形，如图 4–131 所示。

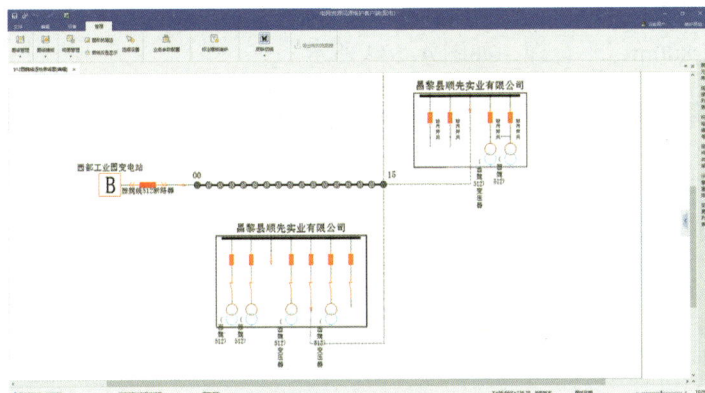

图 4-131　线路信息

处理方法 首先核实现场是否存在此线路，若不存在，需在同源系统删除，若存在，需在营销系统重新建档。

◇ **4. 如何解决用户输电线路图数不一致？**

问题描述 ①线路非专线却单独占一个公用变电站出线间隔；②营销系统无此线路档案，同源系统仍存在图形，如图 4–132 所示。

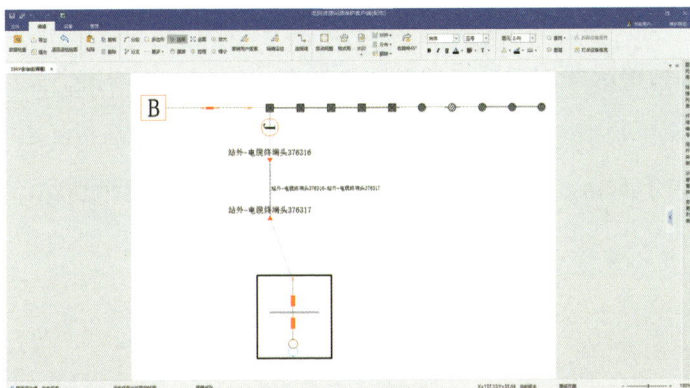

图 4-132　线路信息

处理方法 ①需核实此条线路是否为用户专线，如不是用户专线则需在同源按照现场实际重新画图；②需营销专业核实现场是否有此线路，若不存在此线路，需在同源系统删除，若存在此线路，则在同源系统重新异动此线路。

◇ 5. 如何解决专用线路曲折系数问题？

问题描述 线路段坐标的计算总长度与线路段首尾直线长度的比值大于3，总长度大于800m，不合理，如图4-133所示。

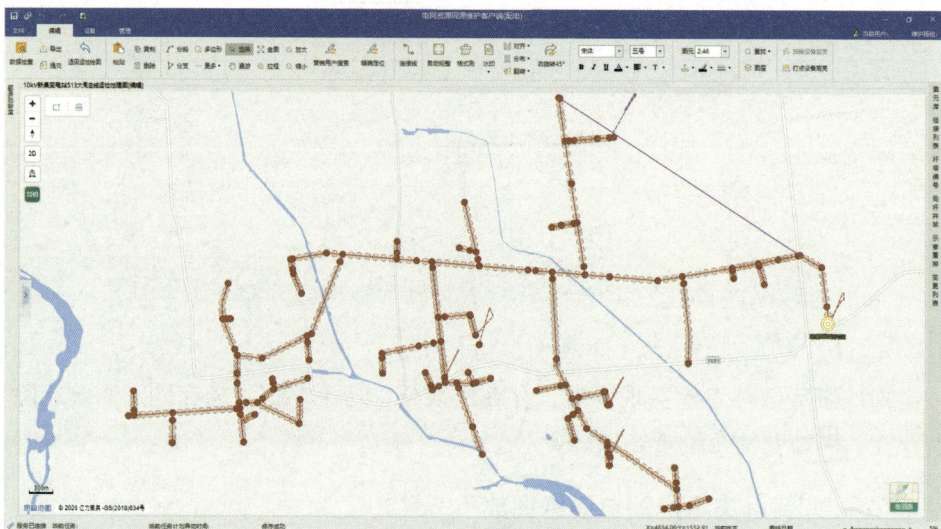

图 4-133 地理图展示

处理方法 需按照现场实际情况开展治理，在同源系统按照现场实际情况录入坐标，然后提交该任务。

◇ 6. 如何解决专用线路拐角系数问题？

问题描述 对于线路段有多个拐点的，拐点处所形成的角度小于45°，且角的两边都大于50m，该线路段拐角角度不合理，如图4-134所示。

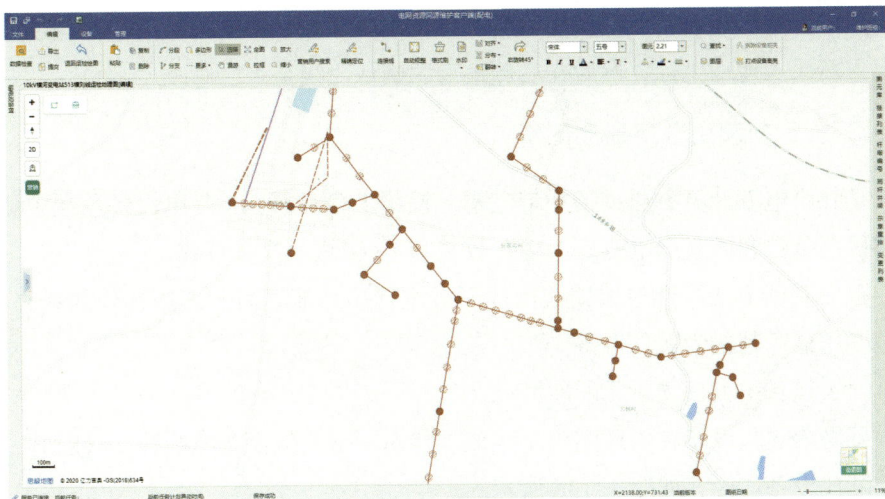

图 4-134　地理图查看

处理方法　需要按照现场实际开展治理工作，在同源系统将此线路坐标重新录入，然后提交该任务。

◇ 7. 如何解决专用线路飞线问题？

问题描述　① 10kV 线路段：线路段中任意两个坐标点之间坐标计算距离大于 2km，判断为飞线；② 10kV 连接线：连接线坐标计算距离超过 500m，判断为飞线，如图 4-135 所示。

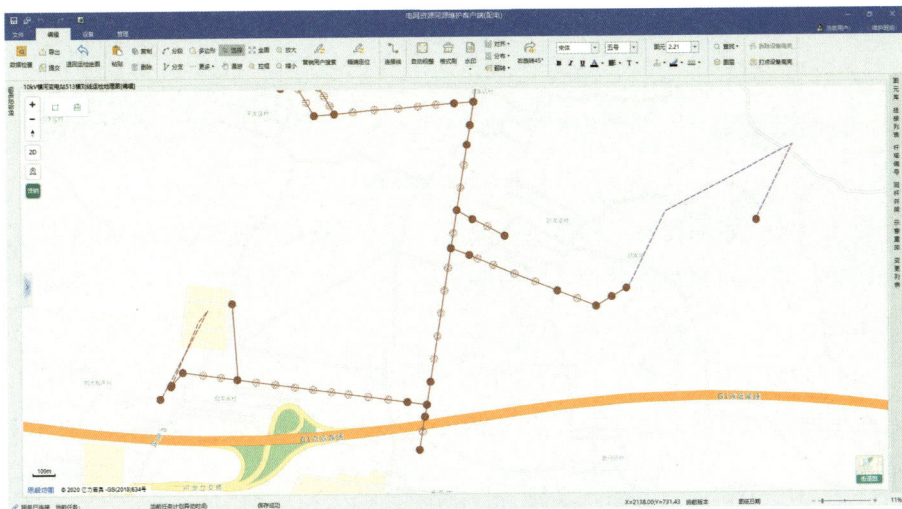

图 4-135　飞点飞线

处理方法 需要按照现场实际情况开展治理工作，在同源系统按照现场实际情况重新录入地理坐标，然后在右侧地理图确认飞线是否已修改。

◇ 8. 如何解决专用孤岛问题？

拓扑带电率计算方法：拓扑带电率＝馈线上存在孤立不带电设备总数（孤立线路段总条数和孤立配电变压器总台数之和）/馈线上设备总数。

孤岛判断方法：通过大馈线出线开关进行拓扑搜索后，未拓扑到的线路段、配电变压器，判断为孤立设备。

（1）设备图上孤立，无所属馈线。

问题描述 设备在单线图中呈现孤立状态，与其他设备的拓扑连接断开，且不与其他设备连接，如图4-136所示。

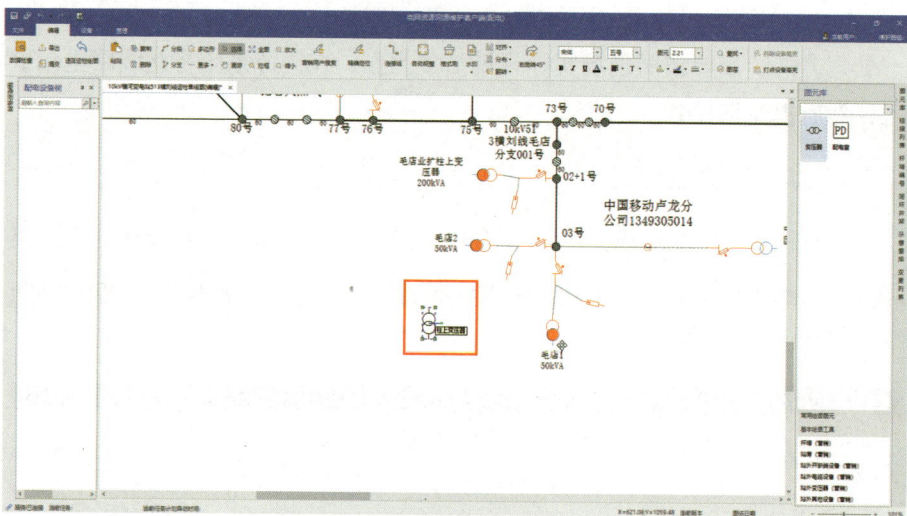

图4-136 设备孤立

处理方法 如果现场实际存在该设备，需关联设备的所属馈线；如果核实为冗余数据，需在同源系统删除，同时在营销2.0系统删除档案（柱上变压器和配电变压器）。

（2）馈线拓扑带电率大于等于50%，疑似馈线上存在孤立设备。

问题描述 根据上述计算方法，带电率≥50%，存在孤立设备，如图4-137所示。

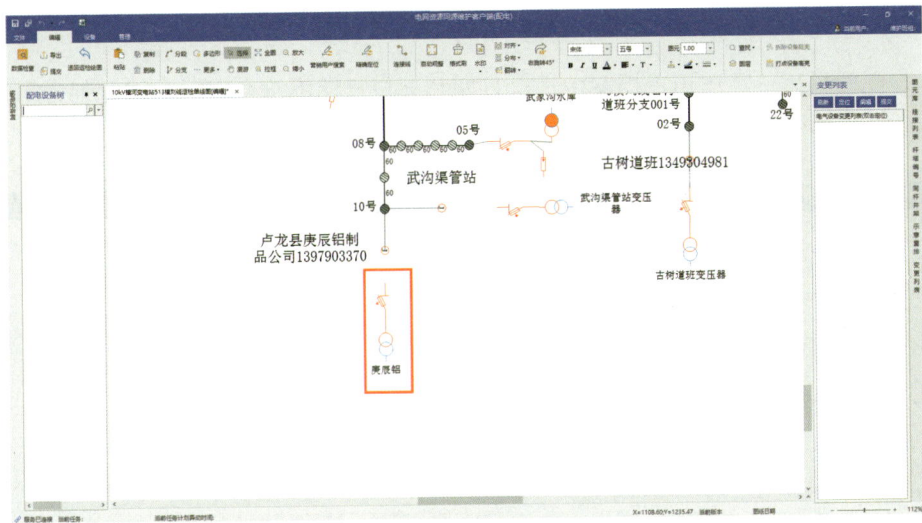

图 4-137　设备孤立

处理方法　如果现场实际存在该设备，请在同源系统把设备和馈线之间的连接关系（导线或电缆）画上；如果核实为冗余数据，请在同源系统将此设备删除同时在营销 2.0 系统删除档案。

◇ **9. 如何解决配电变压器投运日期和型号缺失问题？**

问题描述　配电变压器档案中缺失投运日期和型号字段，如图 4-138 所示。

图 4-138　档案信息查看

处理方法　在档案中补录投运日期和型号字段即可。

◇ 10. 如何解决高压用户档案问题？

问题描述　高压用户档案中送电日期和立户日期不符合实际，因此判为问题档案，如图4–139所示。

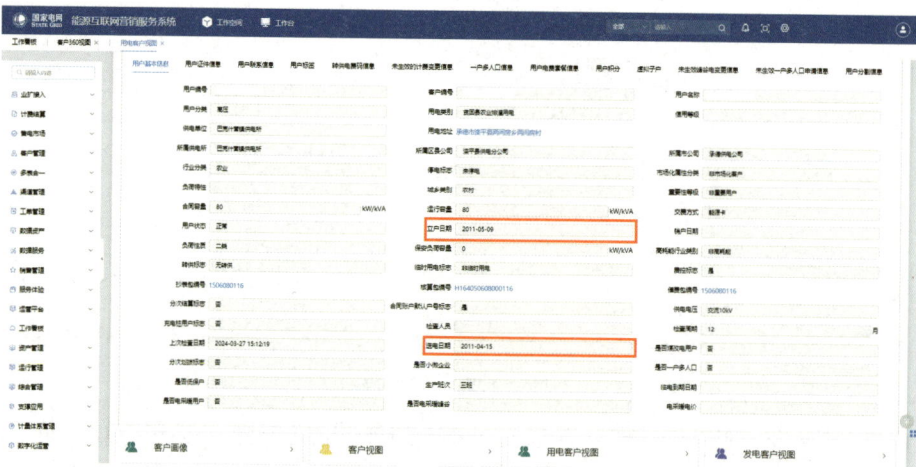

图4–139　档案信息查看

处理方法　立户日期和送电日期应该处于1950–1–1至当前日期之间，且立户日期应该早于送电日期，需按照现场实际情况调整。

电网一张图营销数据融合管理常用概念

第1部分 通用概念

◇ 1. 线路分类有哪些?

按专业分为输电线路和配电线路。按架设方式分为架空线路、电缆线路和混合线路，架空线路主要指架空明线，一般架设在地面之上；电缆线路主要指埋设暗线，一般埋设在电缆井和地下；混合线路是由架空和电缆两种方式组成的混合架设线路。

◇ 2. 什么是输电线路?

主要是指从变电站、发电厂、开关站等出线间隔为开始、35kV 站房入线间隔为终点的用于传输高压电流的输电设备。

◇ 3. 什么是配电线路?

配电线路是指从降压变电站把电力送到配电变压器或将配电变电站的电力送到用电单位的线路。主要指 20kV 及以下的线路。

◇ 4. 什么是导线? 什么是导线的组成?

一般指架空线路，是架空线路的主要组成部分。两个直线杆塔之间的架空线路称为导线段，两个耐张杆塔之间的架空线路称为一条导线，导线由导线段组成，架空线路由导线组成。

◇ 5. 什么是导线段?

一般是指导线的组成部分，两个直线杆塔之间的架空线路称为导线段。

◇ 6. 什么是杆塔？

杆塔是架设电线用的支柱的总称。多为木头、钢筋混凝土或钢铁制成，有单杆、双杆、A 型杆和铁塔等不同形状。杆塔分为直线杆塔和耐张杆塔，每种杆塔根据功能和材质不同，作用和使用环境也不同。

◇ 7. 什么是光缆？

用单根光纤、多根光纤或光纤束制成的满足光学特性、机械特性和环境性能指标要求的光缆结构缆段。

◇ 8. 什么是电缆？什么是电缆段？

电缆是用来传送电力或信号电流、信号电压的，覆有绝缘层、保护层、屏蔽层等的导体，是电缆线路的主要组成部分。两个电缆终端头之间的线路称为电缆段，电缆段组成电缆线路。

◇ 9. 电缆线路设备包括哪些？

电缆线路设备包括电缆段、电缆中端、电缆分支箱、电缆 T 接头、电缆终端站、导引电缆（回流线）段、导引电缆（回流线）终端、导引电缆（回流线）接头、导引电缆（回流线）、电缆。

◇ 10. 什么是电缆终端？

安装在电缆末端、保证与系统的其他部分电气连接并保持连接点绝缘的设备。

◇ 11. 什么是电缆接头？什么是电缆终端头？

电缆接头又称电缆头。电缆铺设好后，为了使其成为一个连续的线路，各段线必须连接为一个整体，这些连接点就称为电缆接头。电缆线路中间部位的电缆接头称为中间接头，而线路末端的电缆接头称为终端头。

◇ 12. 什么是低压线路？

低压线路是指台区配电变压器出线线路，通常为居民供电线路，额定电压一般为 1kV 及以下。低压线路包括低压架空线路、低压架空绝缘线路、低压电缆线路和室内配电线路，用于直接向低压用电设备输送电能，是低压配电系统的重要组成部分。低压线路可以从公用低压配电网接入，通过低压配电室引出，也可以由用户自备的变配电室的低压配电装置引出。

◇ 13. 什么是低压架空线路？

低压架空线路，一般指台区配电变压器（柱上变压器）以下的架空线路，额定电压一般为 1kV 及以下，是将导线架设在电杆上的低压线路。

◇ 14. 什么是低压接地线？

低压接地线主要用于低压线路及高于线路和电气设备停电检修中的二次防护，防止检修线路中的感应电压伤害，为安检人员提供可靠保障。

◇ 15. 什么是低压电缆线路？

低压电缆线路，一般指台区配电变压器（配电室、箱式变电站等）以下的电缆设备，额定电压一般为 1kV 及以下。低压电缆线路也属于低压线路。

◇ 16. 什么是低压母排接地线？

低压母排接地线是排接地线的一种，分为变电用接地线、380V 接地线等种类。使用时应先接地，再接电，这样使导线连接，接线线夹和铜线及接地线夹形成一个接地回路。

◇ 17. 什么是中压用户接入点？

中压用户接入点是用来隔离运检设备和营销设备的虚拟设备，由运检人员进行绘制。中压用户接入点一般挂接在 10kV 线路上，用户专用变压器挂接在中压用户接入点下。

◇ 18. 什么是低压用户接入点？

低压用户接入点是用来隔离运检设备和营销设备的虚拟设备，由运检人员进行绘制。低压用户接入点一般挂接在台区低压线路上，计量箱挂接在低压用户接入点下。

◇ 19. 什么是线损？产生线损的原因有哪些？

线损主要是指从发电厂一直传输到客户，电能在运输、变电、配电等一系列过程中，由于各方面因素的影响而产生的损耗。产生线损的原因主要有以下三个：①由于电流流经有电阻的导线，造成有功功率损耗；②电子元器件污秽、线

161

路接口生锈等原因引起绝缘等级降低，线路接口电阻增大，造成有功功率损耗；③电晕损耗：架空输电线路带电部分的电晕放电造成有功功率损耗。

◇ 20. 什么是用户？

用户是指某种技术、产品或服务的使用者。对电力供应而言，用户即为电能产品的消费者。任何单位或个人要使用电能，都需要向供电企业提出申请，并依法办理相关手续且签订供用电合同后，即成为用户，又称客户。

◇ 21. 什么是用电地址？

指用户用电地址包含：行政区划和详细信息两部分。其中，行政区划包括省（直辖市 / 自治区）、市、区 / 县、街道 / 乡镇居委会 / 村等五级；详细信息包括道路、小区、门牌、地标、经纬度信息等信息。

◇ 22. 什么是电源？

装有变压器和电子电路，能将电功率转换成单个或多个功率输出的电子装置。

◇ 23. 什么是电价？

对电力电量进行贸易结算的货币表现形式。在垂直一体化的模式下，电价由政府制定，一般根据成本加合理利润计算得出；在市场环境下，电价受供求关系的影响，围绕着电力商品价值上下波动。

◇ 24. 什么是电费核算？

对电量及电费进行核查、计算、复算及审核。电费核算是对抄表读数进行复核后，根据供用电合同确定的用电容量及电价进行电量及电费计算，并对电费计算结果进行审核处理的过程，也是电量电费发行前的最后一个检验环节。

◇ 25. 什么是窃电？

采用不正当手段，使供电企业的电能计量装置不记录或少记录电量的用电行为。

◇ 26. 什么是数据中台？

数据中台是电网各类数据资源的汇聚中心、数据资产转化中心、数据价值发掘中心，满足横向跨专业、纵向不同层级的数据共享、分析挖掘和融通需求。

第 2 部分　能源互联网营销服务系统常用概念

◇ 1. 业扩报装

业扩报装是指供电部门从受理客户的用电申请到装表接电全过程业务的总称，旨在满足客户扩充用电的需求，确保电力供应和销售的顺利进行。这个过程主要包括以下几个环节：

（1）受理用电申请：接受客户的新装、增容或变更用电的申请。

（2）审核与管理：对用电申请进行审核和管理。

（3）现场查勘：到现场确定供电方案。

（4）设计审核与施工：组织受电工程的设计审核、施工中间检查和竣工验收。

（5）签订合同：与客户签订供用电合同及相关协议。

（6）安装与接电：安装电能计量装置和办理接电事宜。

（7）建立档案：建立客户用电的有关档案和台账。

◇ 2. 客户

也称用户，客户主数据模型的核心对象，拥有多个角色（用电户、发电户、用水户、用气户、供应商、售电公司、监管机构、潜在客户、联系人等），在客户接触点增加客户关系、客户角色管理，可以建立客户的 360 视图，支持按客户开展各类营销服务。客户包括个人、组织两种类型，分别以身份证号码、统一社会信用代码为唯一标识。

◇ 3. 用电户

依法与供电企业建立供用电关系的用电主体，是客户角色之一，主要记录用户的用电业务属性信息，以用电地址物权证明（如不动产权证、土地使用证等）为唯一标识。

◇ 4. 业扩工程

客户在向各单位办理新装、增容用电业务过程中所涉及的所有电力设施工程。

◇ 5. 业扩配套工程

为满足客户新装、增容用电需求，由供电公司投资建设的配电网新建、扩建及改造项目。

◇ 6. 政府自建工程

政府不向电网企业拨付资金，自行组织招标建设的接入工程。

◇ 7. 政府委托工程

政府将其承担投资范围的资金支付至电网企业，委托电网企业统一组织招标建设的接入工程。

◇ 8. 客户委托工程

客户将其承担投资范围的资金支付至电网企业，委托电网企业统一组织招标建设的接入工程。

◇ 9. 受电工程

产权分界点以下，由用户出资建设，在用户办理新装、增容、变更用电等用电业务时涉及的电力工程。

◇ 10. 契约

在两个或两个以上的当事人之间为设立、变更或终止法律权利和义务而达成的协议，对于业扩报装涉及投资建设的电力接入工程时，签订服务契约约定工程各方职责范围、违约责任等事项。

◇ 11. 开门接电

通过政企联动，超前获取企业新扩建项目信息，在项目开工前将电网建设延伸至项目地块，实现"办电零上门、外线零投资、接电零等待"的开门接电服务模式。

◇ 12. 充换电设施

为电动汽车等以电为能源的用电设备提供充电、换电服务的相关设施的总称，包括个人充电桩、集中式充换电站等。

◇ 13. 行业分类

从事国民经济中同性质的生产或其他经济社会的经营单位或者个体的组织结构体系的详细划分。

◇ 14. 用电类别

根据用户用电行为（或属性）进行的用电性质归类。用电类别一般与销售电价分类相对应，便于政府部门管理、供电企业执行及电力用户认知。长期以来，中国的用电类别比较复杂，采用以用电用途为主的方法进行分类，主要有大工业用电、普通工业用电、非工业用电、居民生活用电、非居民照明用电、商业用电、农业生产用电等几大类。

◇ 15. 市场化属性

用于区别不同用电类别，不同售电公司供电的用户，辅助电费计算，包含直接交易用户（市场化零售、市场化直购）、代理购电用户、非市场化用户等。

◇ 16. 高耗能用户

属于高耗能用电行业的用户。按照国民经济行业分类、国民经济和社会发展统计公报的行业分类，高耗能行业范围为：石油、煤炭及其他燃料加工业，化学原料和化学制品制造业，非金属矿物制品业，黑色金属冶炼和压延加工业，有色金属冶炼和压延加工业，电力、热力生产和供应业。

◇ 17. 受电点

用户受电装置所处的位置。用于接受供电网供给的电力，并能对电力进行有效变换、分配和控制的电气设备所在的位置。

◇ 18. 受电设施

用电人用于接受供电企业供给的电能而建设的电气装置及相应的建筑物。

◇ 19. 受电点类型

用户受电设备设施存在的型式，如变电站、配电站、箱式变压器、柱式变压器、地埋变压器。

◇ 20. 电源接入点

客户新装、增容新建的架空线路或电缆线路与已有公共电网的连接点。

◇ 21. 产权分界点

相互连接的供电、用电设备的分界处。供用电合同的履行地点，按照当事人约定；当事人没有约定或者约定不明确的，供电设施的产权分界处为履行地点，在供用电合同中进行明确，是供用电设施的运行维护管理及责任界面。

资产分界点也是责任分界点。

资产分界点是明确供用电双方对供电设施和用电设施的拥有权，同时认定供用电双方对供用电设施运行、维护、管理的范围和职责，用于保障供用电安全，确认一旦发生供用电事故时的责任方。

◇ 22. 供用电合同

为明确供电人和用电人在电力供应与使用中的权利和义务，安全、经济、合理、有序供电和用电，根据《中华人民共和国民法典》《中华人民共和国电力法》《电力监管条例》《电力供应与使用条例》《供电监管办法》《供电营业规则》等有关法律、法规、行政规章以及国家和电力行业相关标准，按照平等自愿、协商一致的原则签订的合同。

◇ 23. 隐蔽工程

被其他工作物遮掩的工程，具体是指地基、电器管线、供水供热管线等需要覆盖、掩盖的工程。

◇ 24. 转供

在公用供电设施尚未到达的地区供电企业征得该地区有供电能力的直供用户同意，采用委托的方式向其附近的用户转供电力。

◇ 25. 重要性等级

根据供电可靠性的要求以及供电中断的危害程度，重要电力用户可分为特级、一级、二级、临时性重要电力用户和非重要用户。

166

◇ 26. 负荷分级

电力负荷应根据对供电可靠性的要求及中断供电在政治、经济上所造成损失或影响的程度进行分级，分为一级负荷，二级负荷，三级负荷。一类是具有重大政治和经济意义的重要电力负荷，中断供电后将会造成人民生活秩序发生混乱；二类负荷是中断供电后将使政治上或经济上造成较大损失，人民生活秩序受到较大影响的电力负荷；三类负荷是不属于一类和二类负荷的一般电力负荷。

167

◇ 27. 保安负荷

用于保障用电场所人身与财产安全所需的电力负荷。

一般认为，断电后会造成下列后果之一的，为保安负荷。

（1）直接引发人身死亡的。

（2）使有毒、有害物溢出，造成环境大面积污染的。

（3）将引起爆炸或火灾的。

（4）将引起较大范围社会秩序混乱或在政治上产生严重影响的。

（5）将造成重大生产设备损坏或引起重大直接经济损失的。

◇ 28. 非电性质保安措施

为保证安全，用户所采取的非电性质的应急手段和方法。

◇ 29. 主供电源

在正常情况下，能有效为全部负荷提供电力的电源。

◇ 30. 备用电源

根据用户在安全、业务和生产上对供电可靠性的实际需求，在主供电源发生故障或断电时，能有效为全部负荷或保安负荷提供电力的电源。

◇ 31. 自备应急电源

在主供和备用电源全部发生中断的情况下，由用户自行配备的，能为用户保安负荷提供可靠供电的独立电源。

◇ 32. 保安电源

供给客户保安负荷的电源。保安电源必须是与其他电源无联系而能独立存在的电源，或与其他电源有较弱的联系，当其中一个电源故障断电时，不会导致另一个电源同时损坏的电源。保安电源与其他电源之间必须设置可靠的机械式或电气式连锁装置。

◇ 33. 双电源

由两个独立的供电线路向同一个用电负荷实施的供电。这两条供电线路是由两个电源供电，即由来自两个不同方向的变电站或来自具有两回及以上进线的同一变电站内两段不同母线分别提供的电源。

◇ 34. 双回路

一个用电负荷有 2 个供电来源的回路被称为双回路，当双回路供电电路启动时，两个独立的回路分别开始工作。如果其中某个回路出现故障或停止工作，另一个回路将能够继续为负载提供电源。

◇ 35. 多电源

通过使用多个电源同时给设备或系统供电，可以提高电能的可靠性和可用性，确保电源在任何情况下都能正常运行，减少因单点故障而造成的影响。

◇ 36. 电源进线方式

自公共连接点至受电点线路的建设方式，如电缆直埋、电缆架空、电缆混合架空等。

◇ 37. 电气主接线

电气主接线主要是指在发电厂、变电所、电力系统中，为满足预定的功率传送和运行等要求而设计的、表明高压电气设备之间相互连接关系的传送电能的电路。电气主接线以电源进线和引出线为基本环节，以母线为中间环节构成的电能输配电路。电气主接线方式主要有单母线、单母线分段、双母线、线路变压器组、桥形接线。

◇ 38. 供电电压

用电客户的供电电压等级。

◇ 39. 供电方式

电力供应的方法和形式。一般依据国家的有关政策、用户的用电需求以及电力系统的供电能力等因素确定。根据供电电源电压等级的不同，供电方式可以分为高压供电方式和低压供电方式。

◇ 40. 供电容量

供电容量为供电系统的负荷，为一路供电电源对应的变压器、高压电动机、升压电动机、所用变容量。

169

◇ 41. 用电容量

指用电人申请、并经供电人核准使用电力的最大功率或视在功率。

◇ 42. 合同容量

与客户在供用电合同中约定的客户受电设备总容量。

◇ 43. 运行容量

客户的受电设备实际运行的容量。

◇ 44. 核定容量

现场勘查核定的合计合同容量或合计运行容量。

◇ 45. 供电半径

变电站供电范围的几何中心到边界的平均值。

注：中低压配电网线路的供电半径指从变电站（配电变压器）二次侧出线到其供电的最远负荷点之间的线路长度。

◇ 46. 供电可靠性

配电网向用户持续供电的能力。

◇ 47. 高可靠性供电费

为了节约电力建设投入，合理配置电力资源，对申请新装及增加用电容量的两路及以上多回路供电（含备用电源、保安电源）用电户，按照政策收取的业务费用。

◇ 48. 转供能力

某一供电区域内，当电网元件或变电站发生停运时，电网转移负荷的能力一般量化为可转移的负荷占该区域总负荷的比例。

◇ 49. 微电网

由分布式电源、用电负荷、配电设施、监控和保护装置等组成的小型发配用电系统。

◇ 50. 配电所

安装有开闭和分配电能作用的高压配电设备（母线上不含配电变压器）及其配套建筑物（构筑物），俗称开闭所。

◇ 51. 配电终端

即配电自动化终端，是安装于中压配电网现场的各种远方监测、控制单元的总称，主要包括馈线终端、站所终端、配电变压器终端等。

◇ 52. 年最大负荷

全年各小时整点供电负荷最大值。

◇ 53. 容载比

某一供电区域、同一电压等级电网的公用变电设备总容量与对应的网供负荷的比值。

◇ 54. 电能计量方式

根据电能计量的不同对象、以及确定的用户供电方式和相关电价政策要求，确定电能计量点和电能计量装置配置方式。

◇ 55. 计量装置

用于计量电能的计量器具和辅助设备的总称，包括电能表、计量用电压、电流互感器及其二次回路、电能计量箱（屏、柜）等。

◇ 56. 用电信息采集终端

安装在用电信息采集点的设备，用于电能表数据的采集、数据管理、数据双向传输以及转发或执行控制命令。用电信息采集终端按应用场所分为专用变压器采集终端、集中抄表终端（包括集中器、采集器）、分布式能源监控终端等类型。

◇ 57. 配电网

从输电网或者地区发电厂接受电能，并通过配电设施就地或逐级分配给各类用户的电力网络。

◇ 58. 农村电力网

主要向县（包括县级市、区、旗，简称县）级行政区域内的县城、乡（镇）村或农场及林、牧、渔场等各类用户供电的110kV（220kV）及以下各级配电网，简称农网。

◇ 59. 分布式电源

分布式电源是指在客户所在场地或附近建设安装，运行方式以客户侧自发自用为主、多余电量上网，且以配电网系统平衡调节为特征的发电设施或有电力输出的能量综合梯级利用多联供设施。一般以10kV及以下电压等级接入电网，且单个并网点总装机容量不超过6MW的发电项目。包括太阳能、天然气、生物质能、风能、地热能、海洋能、资源综合利用发电等类型。

◇ 60. 分布式光伏发电

位于用户附近所发电能就地利用，以10kV及以下电压等级接入电网，且单个并网点总装机容量不超过6MW的光伏发电项目。

◇ 61. 分散式风电场

由同一开发商在同一片供电区域内，通过35kV及以下电压等级接入电网的一批风电机组构成的一个统一运行维护的整体。

注：分散式风电场一般位于用户附近，就地消纳为主，并采用多点接入，统一监控的并网方式。

◇ 62. 发电户

客户依法与供电企业建立发供电关系时的发电方。

171

◇ 63. 公共连接点

用户系统（发电或用电）接入公用电网的连接处。

◇ 64. 并网

独立发电厂或小电力系统与相邻电力系统发生电气连接，进行功率交换的行为。

◇ 65. 并网点

对于有升压装置的发电系统，指升压装置高压侧母线或节点；对于无升压装置的发电系统，指发电系统的输出汇总点。

◇ 66. 并网方式

独立发电厂或小电力系统与电网的连接方式。

◇ 67. 上网电价

发电企业与购电方进行上网电能结算的价格。

◇ 68. 上网电量

售电方在上网关口计量点输送给购电方的电量，电量的计量单位为千瓦·时。

◇ 69. 一表多箱

一块电能表在营销系统中同时存在多条箱表关系，并且对应不同计量箱。

◇ 70. 公用线路

指供多个用户共同使用的供电线路。一般来说，公用线路的资产属于供电企业，供电企业可以在公用线路上搭接用户。

◇ 71. 专用线路

指专门供单一专有用户使用的供电线路，一般由该专有用户投资并使用，具有较高的供电可靠性。线路资产属于用户，并由用户维护。

◇ 72. 公用变压器

指为某一区域用户取电但无法获得所有权、所有者仅负责维护和管理责任的变压器，一般由电网投资建设并使用，具有较高的供电可靠性。线路资产属于电网，并由电网维护。

◇ 73. 专用变压器

指专门供单一专有用户使用的供电变压器，一般由该专有用户投资，电力部门代管，只供投资的业主自己使用，如安装在大中型企业的变压器等。

◇ 74. 公用变压器专用

资产性质是电网资产，使用性质为专用的变压器。

◇ 75. 专用变压器公用

资产性质为用户资产，使用性质为公用的变压器。

◇ 76. 台区

台区是指一台变压器的供电范围区域，每个台区有唯一编号。

◇ 77. 箱表关系

计量箱与低压电能表的关联关系，正常情况下每个电能表都有其所关联的计量箱，且只关联一个计量箱，每一个计量箱都与一个或多个电能表关联。

◇ 78. 计量点

对客户安装计费电能计量装置（包括计费电能表、计量用互感器、二次连接线）以计算其耗用的有功及无功电量的地点。

◇ 79. 电能表指数

电能表记录或显示的数据，是计算电费的依据。

第 3 部分　电网资源管理
微应用（同源维护）常用概念

◇ 1. 飞点飞线

在同源系统中绘制不规范，末端设备图形拓扑与上级设备图形拓扑距离超过正常范围，连接线绘制过长或某设备与其上级设备所在图形位置距离超过正常范围，称为飞点飞线。

◇ 2. 拓扑连接不通

线路与站内出线点不连通、站内（线路）开关未闭合、站内连接线未连通、线路（站内设备）存在断点等均称为拓扑连通不通。

◇ 3. 孤岛设备

图形拓扑连接不通，某单一设备未与其他设备进行拓扑连接，故为孤岛设备。

◇ 4. 虚拟设备

虚拟设备是系统中存在的、现场不存在的设备，如连接线、虚拟连接点、接入点，称为虚拟设备。

◇ 5. 图形叠加

多个设备位置（坐标）相同或图元绘制有重叠，故为图形叠加。

◇ 6. 有数无图

设备在同源维护中只有台账信息，没有图形，称为有数无图。

◇ 7. 有图无数

设备在同源维护中只有图形，没有台账信息，称为有数无图。

◇ 8. 同杆架设

同杆架设是输配电线路中常见的线路架设方式，系统提供图形化的同杆架设辅助维护功能，通过在图形上选取同杆架设线路的杆塔，自动在单线图内生成同杆架设线路，并标注同杆架设信息。

◇ 9. 联络示意

若一个开关作为两条线路的分界设备，该开关则需要在 2 张单线图中绘制，但 2 个开关图形对应的是同一个台账，因此提供开关的联络示意功能。

◇ 10. 站房关联

若一个站房存在双电源或多电源供电，该站房则需要在多张单线图中绘制，但多个站房图形对应的是同一个台账，因此提供站房关联功能。

◇ 11. 线路切改

当线路上的设备需要进行运检方调整时，需要在系统中对线路的单线图进行切改。

◇ 12. 线路切割

线路切割功能指对不同变电站下线路进行更换出线间隔操作。

◇ 13. 馈线换仓

馈线换仓指对相同变电站下同电压等级线路进行更换出线间隔操作，支持相同变电站下降压线路换仓操作。

◇ 14. 设备退役

当现场线路上设备发生变更时，需要对设备进行修改，将无法使用的设备进行退出。

◇ 15. 版本回退

针对流程任务下编辑版图纸线路进行版本回退操作，清空此任务内设备变更内容的效果。

◇ 16. 设备更换

当现场线路上设备发生变更时，需要对设备进行修改，将不存在的设备进行更换。

◇ 17. 设备定位

点击台账卡片上的定位按钮，即可定位该设备在图纸上的位置。

◇ 18. 坐标维护

选中设备右击设备台账，在设备地理坐标字段点击放大镜跳转至地理图，在正确位置点击一下，右上角就会出现地理坐标，点击确定保存台账。

◇ 19. 台账批量维护

设备台账批量维护功能包括单元格复制粘贴、区域赋值粘贴、单列赋值、行

175

记录复制粘贴、筛选、排序、撤销、重做、单个设备台账查看定位。

◇ 20. 坐标批量维护

选中需要批量维护坐标的设备，右键点击批量维护坐标，点击导出，将导出的文件作为模板进行坐标填写，填写完成后点击坐标导入。

◇ 21. 数据检查

系统数据包含迁移数据和新投设备数据，为保证系统数据的一致性、准确性，需根据图数质量要求进行完整性、规范性、一致性、拓扑连通性等方面的校验。

◇ 22. 设备查找

在设备导航树的查询框中输入关键字，筛选需要查找的设备类型，点击查询按钮，列出符合条件的查询结果，选中查询的记录，可以快速定位到该设备在导航树上的位置。

◇ 23. 专线线段超长

用超连接线连接的专线时，超连接线第一个点的坐标与第二个点的坐标不能超过 100m。

◇ 24. 低压表箱与用户接入点间连接线超长

进行计量箱图形数据维护时，计量箱坐标位置与用户接入点位置超过 100m。

◇ 25. 电压等级码值错误

检查线路、厂站、以及站内站外主要一次设备资源表的电压等级是否为有效码值。

◇ 26. 站外设备坐标重复

检查同线路的物理杆、电缆终端头、电缆中间接头等同类设备是否存在坐标经纬度相同的问题数据。

◇ 27. 线路拓扑连通性校验

检查线路有无孤立设备、孤岛区段；输电线路与起/终点电站是否连通；配电线路与源头变电站或开关站是否连通。

◇ 28. 站外设备与所属容器电压等级不一致

检查站外设备与所属容器电压等级是否一致。

◇ 29. 图数不一致

图数不一致包含以下 4 种情况：

（1）设备有台账无图形、有图形无台账。

（2）设备有图形无铭牌、有铭牌无图形，图形与铭牌关联错误。

（3）设备有台账无铭牌、有铭牌无台账。

（4）设备图形、台账与铭牌名称不一致。

◇ 30. 台账完整性

检验台账字段完整性包括以下内容：

（1）必填字段（型号、维护班组等）是否维护完整。

（2）关键字段（供电区域等）是否维护完整。

（3）检验台账（线路长度、容量异常）字段逻辑是否准确、规范。

◇ 31. 台账准确性

所填字段内容是否与现场对应。

◇ 32. 数据一致性

检验电网资源管理微应用（同源维护）、能源互联网营销服务系统等系统变电站、馈线、配电变压器、低压线路、接入点等关键字段数据是否一致。

◇ 33. 线变关系

当柱上变压器和配电变压器图形确认绘制完成，图形端后台会根据图形拓扑关系，将馈线、开关站出线与变压器关联，生成线变关系。

◇ 34. 单线图

以单条配网线路（大馈线）为单位，采用一定布局算法自动生成的从变电站出线到配电变压器、线路联络开关、线路终端设备之间的线路相关所有设备的示意专题图形。线路及其相关设备采用正交布局算法进行无交叉重叠布局。

◇ 35. 站间联络图

以变电站为单位，由当前变电站出线及其相关联络线路组成的供电范围。变电站供电范围按照辐射、闭合、环网等联络方式自动划分为多个供电区域，每个供电区域对应一幅区域系统图，其目的是按供电范围划分网架，降低单幅图形的复杂度，便于图形的维护和应用，同时起导航作用，方便定位并浏览区域系统图。

◇ 36. 区域系统图

区域系统图主要用于展示辖区中供电范围的联络关系，根据一定的布局规则，采用布局算法自动生成。区域系统图上一般只生成线路主干设备和站内间隔，并对线段进行简化合并，减小图形生成和维护的难度，提高图形的实用性，便于生产和抢修快速浏览，提高工作效率。

◇ 37. 站室图

以开关站、环网单元和带环网作用的配电室、箱式变电站等站房为单位，通过生成站房内部接线和出线的联络情况，直观展示站房供电范围的专题图形。

◇ 38. 低压台区图

以台区为单位，展示变压器供电范围内的所有低压设备，以及台区范围内线路统计信息、容量信息等内容的专题图。

电网一张图营销数据管理常用设备

◇ 1. 大馈线

大馈线是用于将电力从发电厂输送至变电站、工业和城市用电等地的高压输电线路。

◇ 2. 变电站

变电站是指电力系统中对电压和电流进行变换，接受电能及分配电能的场所。在发电厂内的变电站是升压变电站，其作用是将发电机发出的电能升压后馈送到高压电网中。

◇ 3. 用户变电站

用户变电站是由特殊负荷或较大负荷用户出资投资建设的变电站房。用户变电站的操作与维护归用户使用。

◇ 4. 箱式变电站

箱式变电站，又叫预装式变电所或预装式变电站。是一种高压开关设备、配电变压器和低压配电装置，按一定接线方案排成一体的工厂预制户内、户外紧凑式配电设备，即将变压器降压、低压配电等功能有机地组合在一起，安装在一个防潮、防锈、防尘、防鼠、防火、防盗、隔热、全封闭、可移动的钢结构箱，特别适用于城网建设与改造，是继土建变电站之后崛起的一种崭新的变电站。箱式变电站适用于矿山、工厂企业、油气田和风力发电站，它替代了原有的土建配电房，配电站，成为新型的成套变配电装置。

◇ 5. 换流站

换流站是指在高压直流输电系统中，为了完成将交流电变换为直流电或者将直流电变换为交流电的转换，并达到电力系统对于安全稳定及电能质量的要求而建立的站点。

◇ 6. 串补站

实现电力系统输电线路串联补偿的电力设施。一般用于220kV及以上的交流输电线路中，主要作用是提高线路输送功率极限和改善电力系统的稳定性，通常与变电站或开关站合建。串补站中最重要的设施是串补装置。根据补偿阻抗特点的不同，串补装置分为固定串联补偿装置和可控串联补偿装置两类，前者补偿度固定不变，后者补偿度可通过晶闸管灵活调节。固定串联补偿装置包含的主要设备有串联电容器、阻尼元件、金属氧化物避雷器（MOV）、火花放电间隙、电流互感器等；可控串联补偿装置除上述设备外还有晶闸管阀及其回路电抗器等。

◇ 7. 开关站

主要起传输作用，也叫开闭所，是建在城市主要道路的路口附近、负荷中心区和两座高压变电站之间，汇集若干条变电站10kV出线作为电源，以相同电压等级向用户供电的开关设备的集合，并且具有出线保护。

◇ 8. 开关柜

开关柜是在电力系统进行发电、输电、配电和电能转换的过程中，进行开合、控制和保护的用电设备。开关柜内的部件主要有断路器、隔离开关、负荷开关、操作机构、互感器以及各种保护装置等组成。

◇ 9. 环网柜

所谓"环网柜"就是每个配电支路设一台开关柜（出线开关柜），这台开关柜的母线同时也是环形干线的一部分。就是说，环形干线是由每台出线开关柜的母线连接起来共同组成的，主要用于10（20）kV电缆线路开关环进环出及分接负荷。每台出线开关柜就叫"环网柜"。实际上单独拿出一台环网柜是看不出"环网"的含义的。

◇ 10. 环网箱

安装于户外，由多面环网柜组成，有外箱壳防护，用于10（20）kV电缆线路环进环出及分接负荷，且不含配电变压器的配电设施。

◇ 11. 中压开关站

设有中压配电进出线，对功率进行再分配的配电装置。

注：相当于变电站母线的延伸，可用于解决变电站进出线间隔数量有限或进出线走廊空间受限，并在区域中起到电源支撑的作用。

◇ 12. 母线

是电站输送电能用的总导线。母线将装置中的各个载流分支回路连接在一起，起着汇集、分配和传送电能的作用。

◇ 13. 馈线

馈线通常是指低压配电系统中的电缆或导线，其电压等级通常低于 10kV。

◇ 14. 主线

是指从开关站出线间隔到下一个站房入线间隔之间的 10kV 线路。10kV 站房出线的未经过其他的 10kV 中压站房的所有设备，在"所属线路"中属于同一个"主线"。

◇ 15. 配电室

配电室是指带有低压负荷的室内配电场所，主要为低压用户配送电能，设有中压进线（可有少量出线）、配电变压器和低压配电装置。10kV 及以下电压等级设备的设施，分为高压配电室和低压配电室。高压配电室一般指 6 ～ 10kV 高压开关室；低压配电室一般指 10kV 或 35kV 站用变压器出线的 400V 配电室。

◇ 16. 电气类设备

电气设备是在电力系统中对发电机、变压器、电力线路、断路器等设备的统称。

◇ 17. 变压器

变压器是利用电磁感应的原理来改变交流电压的装置，主要构件是一次绕组、二次绕组和铁心（磁芯）。主要功能有电压变换、电流变换、阻抗变换、隔离、稳压（磁饱和变压器）等。

◇ 18. 主变压器

主变压器是变电站中主要用于输变电的总降压变压器，也是变电站的核心部分。

◇ 19. 柱上变压器

安装在电杆上的户外式配电变压器。一般挂接在 10kV 配网线路上。

◇ 20. 配电变压器

配电变压器指配电系统中根据电磁感应定律变换交流电压和电流而传输交流电能的一种静止电器。有些地区将 35kV 以下（大多数是 10kV 及以下）电压等级的电力变压器，称为配电变压器。安装配电变压器的场所，即是变电所。配电变压器宜采用柱上安装或露天落地安装。

◇ 21. 变电站

变电站是电力系统的重要组成部分，主要负责改变电压等级，以适应电力系统中不同部分的需要。变电站的功能包括变换电压、汇集和分配电能，以及控制电力的流向和调整电压。它们通常位于城市、乡镇和其他需要电力供应的地方。变电站中包含的主要设备有变压器、隔离开关、电子稳压器、低压开关等，这些设备通过电力系统的变压器将各级电压的电网连接起来。变电站的类型和规模根据电力网的规划和管理需求而定，可以是高压变电站、中压变电站或低压变电站，电压等级通常在 110kV 以下。

◇ 22. 架空线路设备

架空线路设备包括导线、地线、杆塔、光缆、柱上变压器、柱上断路器、柱上负荷开关、柱上隔离开关、柱上重合器、柱上跌落式熔断器、线路避雷器、线路故障指示器、柱上电容器、柱上电压互感器、柱上电流互感器、柱上组合互感器、柱上分段器、柱上调容变压器、自动调压器、分段线路、导线段、虚拟分界点。

◇ 23. 电气一次设备

直接与电能通过的电路相连接的电气设备。

◇ 24. 保护电器

用来保护电路和电气设备，使其免遭过电流或过电压危害的电气设备，如熔断器、避雷器等。

◇ 25. 断路器

断路器是指能够关合、承载和开断正常回路条件下的电流并能在规定的时间内关合、承载和开断异常回路条件下的电流的开关装置。断路器按其使用范围分为高压断路器与低压断路器，高低压界线划分比较模糊，一般将 3kV 以上的称为高压电器。

◇ 26. 柱上断路器

柱上断路器是指在电杆上安装和操作的断路器。

◇ 27. 自动重合闸

是一种反事故装置，当断路器因保护装置动作或自身误动作而跳闸时，能自动进行断路器重合的装置。

◇ 28. 重合器

重合器是一种具有控制和保护功能的新型智能化高压开关设备，它实际上是一种配备了自动控制装置的断路器。

◇ 29. 柱上重合器

是一种具有控制（即本身具备故障电流检测和操作顺序控制与执行功能，无需提供附加继电保护和操作装置）及保护功能的高压开关设备；它能够自动检测通过重合器主回路的电流，故障时按反时限保护自动开断故障电流，并依照预定的延时和顺序进行多次重合。

◇ 30. 熔断器

熔断器是一种利用熔体熔化，从而使电路断开这一原理制成的电流保护器。熔断器广泛应用于高低压配电系统和控制系统以及用电设备中，作为短路和过电流的保护器，是应用最普遍的保护器件之一。

◇ 31. 跌落式熔断器

跌落式熔断器是 10kV 配电线路分支线和配电变压器最常用的一种短路保护开关，它具有价格便宜、操作方便、适应户外环境性强等特点，被广泛应用于10kV 配电线路和配电变压器一次侧作为保护和进行设备投、切操作。

◇ 32. 线路避雷器

线路避雷器用于 6 ～ 220kV 交流输变电线路，是为了限制线路雷电过电压、提高线路耐雷水平、降低系统因雷击故障引起的跳闸率而专门设计的一种悬挂安装于输电杆塔上的新型避雷器。

◇ 33. 避雷针

避雷针，又名防雷针、接闪杆，是用来保护建筑物、高大树木等避免雷击的装置。在被保护物顶端安装一根接闪器，用符合规格导线与埋在地下的泄流地网连接起来，这就是最典型的避雷装置。

◇ 34. 开关电器

用来隔离电路形成断点，或用来分、合负荷电流和短路电流的设备。

◇ 35. 隔离开关

隔离开关是一种主要用于隔离电源、倒闸操作、用以连通和切断小电流电路，无灭弧功能的开关器件。

◇ 36. 柱上隔离开关

柱上隔离开关是一种安装于杆上的隔离开关。

◇ 37. 负荷开关

负荷开关是介于断路器和隔离开关之间的一种开关电器，具有简单的灭弧装置，能切断额定负荷电流和一定的过载电流，但不能切断短路电流。

◇ 38. 柱上负荷开关

安装在架空配电线路柱上，具有关合和开断正常负荷电流能力的开关装置。

◇ 39. 电气二次设备

对一次设备的工作进行监视、测量、控制和保护的辅助设备。

◇ 40. 线路故障指示器

线路故障指示器是应用在输配电线路、电力电缆及开关柜进出线上，用于指示故障电流流通的装置。一旦线路发生故障，巡线人员可借助指示器的报警显示，迅速确定故障点，排除故障。彻底改变过去盲目巡线，分段合闸送电查找故障的落后做法。

◇ 41. 测量电器

测量电能、功率、电流、电压等所必须的设备，如电流互感器、电压互感器等。

◇ 42. 互感器

用来将信息传递给测量仪器、仪表和保护或控制装置的变压器。按比例变换电压或电流，将高压变成低压，将大电流变成小电流，并起安全隔离作用的电气设备。

◇ 43. 电流互感器

电流互感器原理是依据电磁感应原理而制成。电流互感器是由闭合的铁心和绕组组成。它的一次绕组匝数很少，串在需要测量的电流的线路中，因此，它经常有线路的全部电流流过，二次绕组匝数比较多，串接在测量仪表和保护回路中，电流互感器在工作时，它的二次回路始终是闭合的，因此，测量仪表和保护回路串联线圈的阻抗很小，电流互感器的工作状态接近短路。

◇ 44. 电压互感器

电压互感器和变压器类似，是用来变换电压的仪器。但变压器变换电压的目的是方便输送电能，因此容量很大，一般都是以千伏安或兆伏安为计算单位；而电压互感器变换电压的目的，主要是用来给测量仪表和继电保护装置供电，用来测量线路的电压、功率和电能，或者用来在线路发生故障时保护线路中的贵重设备、电机和变压器，因此电压互感器的容量很小，一般都只有几伏安、几十伏安，最大也不超过 1kVA。

◇ 45. 继电保护装置

能够迅速反应电气设备发生的故障或不正常运行状态，并有选择地动作于断路器跳闸和（或）发出信号的一种自动装置。

◇ 46. 配电装置

配电装置是根据电气主接线、地形和周围环境等因素，把各种电气设备合理布置起来，用于接受和分配电能的装置。

◇ 47. 操动机构

操作断路器、负荷开关、隔离开关等的一种机械传动机构，可以降低劳动强度，并可进行远程操作。

◇ 48. 接地装置

埋入地中并直接与大地接触的金属导体，称为接地体。电力设备或杆塔的接地螺栓与接地体或中性线连接用的金属导体，称为接地线。接地体和接地线的总和，称为接地装置。

◇ 49. 分段器

分段器是一种由电子电路控制的在无电流情况下自动分闸的开关设备。

◇ 50. 远方终端（远动装置）

进行数据采集并与调度中心相互通信，接受遥控、遥调、遥信等命令的自动化装置（RTU）。

◇ 51. TTU 配电变压器监测终端

在电力供配电系统中，配电变压器监测终端（TTU）用于对配电变压器的信息采集和控制。

◇ 52. 接地网

接地网是对由埋在地下一定深度的多个金属接地极和由导体将这些接地极相互连接组成一网状结构的接地体的总称。

◇ 53. 消弧装置

消弧是指当母线发生单相金属接地时消弧装置动作，使金属接地通过消弧装置动作的真空接触器直接接地，有利于母线保护动作，这样可以避免谐波的产生。消谐主要是消除二次谐波以及高次谐波，有利于电网的安全运行。

◇ 54. 绝缘电阻

绝缘电阻是施加在绝缘上的直流电压与流过电极间的传导电流的比值。

◇ 55. 接地电阻

接地电阻是电流由接地装置流入大地再经大地流向另一接地体或向远处扩散所遇到的电阻。接地电阻值体现电气装置与"地"接触的良好程度和反映接地网的规模。

◇ 56. 电抗器

电抗器也叫电感器，一个导体通电时就会在其所占据的一定空间范围内产生磁场，所以所有能载流的电导体都有一般意义上的感性。然而通电长直导体的电感较小，所产生的磁场不强，因此，实际的电抗器是导线绕成螺线管形式，称空心电抗器；有时为了让这只螺线管具有更大的电感，便在螺线管中插入铁心，称铁心电抗器。电抗分为感抗和容抗，比较科学的归类是感抗器（电感器）和容抗器（电容器），统称为电抗器。

◇ 57. 电容器

电容器是储存电量和电能（电势能）的元件。一个导体被另一个导体所包围，或者由一个导体发出的电场线全部终止在另一个导体的导体系，称为电容器。

◇ 58. 滤波电容器

滤波电容器是一种储能器件，它常安装在整流电路两端用以降低交流脉动波纹系数以提升高效平滑直流输出。

◇ 59. 耦合电容器

耦合电容器是电力系统高频通道中的重要设备，是用来在电力网络中传递信号的电容器，主要用于工频高压及超高压交流输电线路中，以实现载波、通信、测量、控制、保护及抽取电能等目的。它使得强电和弱电2个系统通过电容器耦合并隔离，提供高频信号通路，阻止工频电流进入弱电系统，保证人身安全。

◇ 60. 结合滤波器

结合滤波器是一种常见的电子滤波器，用于在电路中去除特定频率范围内的信号干扰或噪声。

188

◇ 61. 交流滤波器

在直流输电系统中，为了滤除直流控制系统产生的谐波以避免对交流输电系统带来不良影响，同时补偿直流控制系统消耗的无功功率，在直流系统运行过程中必须投入一定数量的交流滤波器（必须满足交流滤波器组数最小运行方式）。交流滤波器由电容、电抗和电阻串并联组成。

◇ 62. 阻波器

阻波器是指与输电线路串联使用，对某些特定的频率或频带提供阻波阻抗，为电力载波通信提供信号通道的电抗器。阻波器是载波通信及高频保护不可缺少的高频通信元件，它阻止高频电流向其他分支泄漏，起减少高频能量损耗的作用。在高频保护中，当线路故障时，高频信号消失，高频保护无时限启动，立即切除故障。

◇ 63. 静止无功发生器

静止无功发生器是将自换相桥式电路通过电抗器或者直接并联到电网上，调节桥式电路交流侧输出电压的相位和幅值，或者直接控制其交流侧电流，使该电路吸收或者发出满足要求的无功功率，实现动态无功补偿的目的。

◇ 64. SVC 静态无功补偿器

静止无功补偿器是一种没有旋转部件，快速、平滑可控的动态无功功率补偿装置。它是将可控的电抗器和电力电容器（固定或分组投切）并联使用。电容器可发出无功功率（容性的），可控电抗器可吸收无功功率（感性的）。通过对电抗器进行调节，可以使整个装置平滑地从发出无功功率改变到吸收无功功率（或反向进行），并且响应快速。

◇ 65. 绝缘子

安装在不同电位的导体或导体与接地构件之间的能够耐受电压和机械应力作用的器件。绝缘子是一种特殊的绝缘控件，能够在架空输电线路中起到重要作用。

◇ 66. 充气柜

是新一代开关设备，充气柜适用于电力系统的小型二次变电站、开关站、箱式变电站、住宅小区、工矿企业、大型商场，特别适用于机场、地铁、铁路等对用电要求较高的场合。

◇ 67. 低压配电箱

低压配电箱是额定电流交流 50Hz、额定电压 380V 的配电系统，作为动力、照明及配电的电能转换及控制之用。该产品具有分断能力强，动热稳定性好，电气方案灵活，组合方便，系列性、实用性强，结构新颖等特点。

189

◇ 68. 低压电缆分支箱

又称低压电缆分接箱，具有配电系统中电缆线路的汇集和分接功能，可配置塑壳式断路器保护或熔断器—隔离开关保护，一般采取户外或户内、落地或挂墙安装。

◇ 69. 计量箱

用于 380V 及以下低压电能计量的箱型成套装置，箱内安装电能表、用电信息采集终端等设备。

◇ 70. 电能表

记录电能累积值的专用仪表，是所有电气测量仪表中使用最多的仪表；电能表包含单相电能表和三相电能表。

◇ 71. DTU 无线终端设备

DTU 一般安装在常规的开闭所（站）、户外小型开闭所、环网柜、小型变电站、箱式变电站等处，完成对开关设备的位置信号、电压、电流、有功功率、无功功率、功率因数、电能量等数据的采集与计算，对开关进行分合闸操作，实现对馈线开关的故障识别、隔离和对非故障区间的恢复供电。

◇ 72. FTU 配电开关监控终端

FTU 是装设在馈线开关旁的开关监控装置。这些馈线开关指的是户外的柱上断路器，例如 10kV 线路上的断路器、负荷开关、分段开关等。

◇ 73. 充电桩

充电桩是为电动汽车进行日常补能的一种设备，充电桩根据功率大小，体积不同，小功率的可以挂墙安装，大功率的一般需要落地安装。

◇ 74. 充、换电站

充、换电站是为电动汽车的动力电池提供充电和动力电池快速更换的能源站。电动汽车为了连续行驶就要求其电能得到补充。这些充电方式体现为充电不同的充电模式。同样在电池快速更换的方式下，电池组从车上卸下后也是用一定的模式为电池充电。有交流、直流模式，有限压、限流模式等。

电网一张图

营销数据融合管理
百问百答 →

ISBN 978-7-5198-9156-5

中国电力出版社官方微信　　中国电力百科网网址

9 787519 891565 >

定价: 76.00 元